오고가면 통일이다

오고가면 통일이다

2025년 6월 27일 초판 1쇄 발행

지은이 윤은주
펴낸이 김성원
편집 및 교정·교열 그란데 편집부
표지·내지 디자인 박소영
펴낸곳 도서출판 그란데

등록일 2023년 8월 17일 제2023-000159호
주소 경기도 고양시 일산서구 덕이로10-14, 110-302
전화 010-4395-7010
팩스 0504-072-7010
이메일 grandepublishing@gmail.com

© 윤은주 2025. All rights reserved

ISBN 979-11-985285-2-0(00340)

- 이 책은 저작권법에 따라 보호받는 저작물이므로 이 책의 전체 또는 일부를 이용하려면 저작권자와 도서출판사 그란데의 동의를 받아야 합니다.
- 잘못된 책은 구입하신 곳에서 바꾸어 드립니다.
- 책값은 뒤표지에 있습니다.

오고가면 통일이다

윤은주 지음

남과 북은 자매 국가, 글로벌 피스 향한

그란데

들어가며

남북, 적대국에서 우호국으로 그리고 글로벌로

    남북의 분단과 적대적 대결 상황은 우리 민족의 삶에 지대한 영향을 미치고 있다. 한반도 밖에 거주하고 있는 730만 디아스포라 코리안에게도 마찬가지다. 대륙을 오가던 우리 민족의 기상은 36년 동안의 일제강점기 이래로 꺾이는 듯했으나 남은 남대로, 북은 북대로 질긴 생명력으로 거듭났다. 수출입국을 추구했던 남은 세계 10위권에 달하는 경제 성장을 이룩했다. 6차례 핵실험을 강행한 북은 9번째 핵보유국이 됐다. 근대에서 현대로 오는 동안 우리 민족에 드리웠던 불운은 정금(正金)을 내기 위한 담금질이었는지 모른다.

대륙과 해양 세력의 힘이 교차하는 한반도에서, 지정학적 운명을 극복하기 위해, 남북은 주변으로부터의 힘을 다스릴 수 있는 역량을 키워야 한다. 공동운명을 직시하고 국제사회 속에서 견고한 협력의 틀을 구축해야 가능하다. 남북 협력을 가로막는 장애물은 무엇인가? 무엇보다 남에서 똬리를 틀고 있는 '반공'이념이다. 반공을 넘어 멸공을 부르짖었던 이들은 아직도 자리를 털고 일어날 생각이 없어보인다. 세상은 몇 번이나 바뀌어 옷을 갈아입어야 하는데 말이다. 반공에 사로잡힌 마음은 두려움을 재생산하는 기제(機制)로 새로운 생각을 가로막는다.

용서와 화해는 남북 사이에 가장 필요한 덕목이다. 이념을 이유로 형제자매를 살해했던 죄악에서 남북은 모두 자유로울 수 없다. 이념의 시대가 낳은 폐해였다면 이젠 남의 눈의 티끌보다 내 눈 속 들보를 바라볼 때이다. 2018년과 2019년, 남북정상회담과 북미정상회담이 교차하며 한반도 평화의 문은 곧 열릴 듯했다. 아쉽게 무산됐지만, 2000년 남북정상회담 이후 한 걸음 더 나간 발걸음이었다. 앞으로 남북기본합의서부터 9·19 평양선언까지 합의를 토대로 '한반도평화선언(Korea Peace Manifesto)'을 발표하고 남북연합 단계로 넘어가면 어떤가?

김정은 위원장의 '적대적 두 국가'론은, 민족국가 담론을 포기한 것 같지만, 있는 현실을 그대로 규정했음을 부인할 수 없다. 한국전쟁이 공식 종료되지 않았고, 남쪽의 멸공 세력은 적개심을 품은채 아직도 흡수통일을 내세우기 때문이다. 또한 국제사회에서 남북은 독립 국가로 인정받은 지 오래다. 그러니 어쩌면 우리의 선택지는 북한을 적대 국가가 아닌 우호 국가로 보고 관계를 재정립하는 것일지 모르겠다. 임동원 전 통일부 장관이 주장한 '사실상의 통일' 혹은 '과정으로서의 통일'을 시작하는 길이기도 하다. 남북 상생을 위해서 말이다.

2019년 2월 하노이에서 열렸던 북미회담이 성과 없이 끝나자 북한은 12월 당중앙위원회 전원회의에서 자력갱생과 정면돌파전을 최종 입장으로 정리했다. 2020년 6월 남북공동연락사무소 건물까지 폭파한 후 남북관계도 싸늘하게 식었다. 2021년 제8차 전당대회를 개최한 북한은 당규약 서문에서 남한에 대한 기존의 신식민지 규정과 민족해방민주주의혁명 문구를 삭제했다. 남조선혁명론을 역사 속에 박제한 북한에게 2022년 발발한 우크라이나 전쟁은 뜻하지 않은 기회가 됐다. 2023년 6월 북한은 러시아와의 관계를 복원했다.

일제강점기 끝에 도래한 남북 분단 시대는 우리 민족에게 또 다른 시련이었다. 패전국 일본 대신 남북이 갈려 냉전 시대 첨병 역할을 감내했다. 더구나 탈냉전 변혁기에 분단 모순을 해결하지 못한 우리 민족은 다시금 미중의 패권 경쟁 속에서 활로를 모색해야 하는 처지이다. 한반도에서 인권과 민주주의를 추구할 때 마주치는 분단 극복과 평화 실현의 길은 좁고 험하다. 그 끝에서 김구 선생이 그렸던 '우리나라'를 만나면 좋겠다. 남과 북이 하나 된 우리나라 말이다. 희망을 포기하지 않고 새로운 길을 걸어야 닿을 수 있다.

그동안 〈기독공보〉에 기고했던 글과 남북물류포럼, 민화협, 〈유코리아뉴스〉 등에 소개했던 글을 다듬어 책으로 출판한다. 남북관계를 공부하며 보수적 기독인을 향해 우리 민족의 시대적 소명을 일깨우고 싶었다. 기독인에게 익숙한 원수를 사랑하라는 계명은 용서와 화해가, 상대보다 나 자신을 위한 덕목임을 이해해야 따를 수 있다. 미워하는 마음은 자해와 마찬가지이다. 통일은 차치하고 북한을 넘어서서 중앙아시아로, 대륙으로 뻗어가며 우리의 기상을 드높이면 좋겠다. 미래는 꿈꾸는 이들의 믿음으로 채워진다. 앞으로 더욱 벅찬 꿈들을 만날 수 있기 기대한다.

차례

들어가며	남북, 적대국에서 우호국으로 그리고 글로벌로	4
1	국제관계 속의 남북관계	10
2	이승만 대통령의 북진통일론은 틀렸다!	17
3	6·15의 길과 6·25의 길	26
4	아직도 끝나지 않은 6·25 한국전쟁	34
5	오고가면 통일이다!	43
6	일본의 군국주의와 그 몰락	67
7	이토의 길과 안중근의 길	76
8	디아스포라 코리안 – 일본	85
9	디아스포라 코리안 – 고려인	96
10	디아스포라 코리안 – 미국	109
11	콘스탄티노플에서 이스탄불로 – 유럽과 아시아의 관문	120
12	울란바토르와 칭기스칸	131
13	우즈베키스탄, 실크로드를 품은 나라	143
14	유럽연합이 주는 교훈	153
15	미중 패권경쟁 시대, 코리아의 역할	160
16	미국 대외 전략 변화와 한반도 평화	169

17	세계는 지금 전쟁 중 - 우크라이나와 러시아 전쟁	177
18	세계는 지금 전쟁 중 - 팔레스타인 전쟁이 주는 교훈	183
19	12·3 계엄 사태와 한미동맹 - 자유민주주의를 위한 동맹	189
20	여성이 만들어가는 한반도 평화	196
21	미 의회의 한반도 평화 법안	206
22	정전협정 70년, 전쟁을 끝내고 평화로! - 워싱턴DC에서 진행된 시민평화 운동	211
23	민화협 프랑스협의회와 함께하는 공공외교를 기대한다	224
나가며	피스메이커를 완성하는 길	234

1 국제관계 속의 남북관계

1897년 대한제국 선포는 근대국가의 탄생을 알리는 한편, 조선이 중국과 맺어왔던 사대관계로부터의 독립을 뜻했다. 그러나 1910년 한일 합병 조약 체결로 13년 만에 대한제국은 일제의 식민지로 전락했다. 1905년 러·일전쟁에서 승리한 일본은 미국과의 가쓰라-태프트 밀약을 통해 기세 좋게 대한제국을 손에 넣었다. 그러나 해방 직후 미국과 소련의 군정이 시작됐고, 수백만의 피해를 낳은 전쟁을 치렀다. 남북은 현재까지도 민족상잔에 이어 서로를 증오하며 부정하느라 너무 많은 세월을 흘려보냈다. 다시금 새로워지는 국제 정세 속에서 코리아의 역사적 소명이 무엇인지 깨닫고 협력하기에도 바쁜데 말이다. 코리아는 예로부터 운명적으로 국제관계 역학에 영향을 받아왔다. 오늘날 남북관계도 마찬가지이다.

해방 직후부터 남북관계 역시 미국과 소련의 영향 아래 시작됐다. 미 군정하에서 출범한 '대한민국' 정부와 소련 군정을 힘입어 등장한 '조선민주주의인민공화국' 정권은 각기 반공산주의와 반제국주의 이념을 국내 정치에 고스란히 체화시켰다. 남북 모두 이데올로기의 자유는 애당초 가능하지 않았다. 남북의 분단선이 국제 체제의 진영대결 선인 대(大) 분단선과 중첩됐기 때문이다. 이념 대결의 종식을 선언한 탈냉전시대가 되자 북은 남쪽이 내민 손을 잡으면서 우호적 관계가 형성됐다. 그러나 안타깝게도 남북 분단선은 대 분단선 해체 당시 해소되지 못했다. 다른 사회주의국가와 같이 북한 체제가 곧 붕괴할 것으로 잘못 예측했기 때문이었다. 북한은 유엔에 가입하고 남한과 남북기본합의서를 체결했다.

꼬인 남북관계의 원인

독일통일을 지켜본 북한은 남한으로의 흡수통일을 우려했다. 상호체제를 인정하고 상호불가침을 약속한 남북기본합의서에서는 남북관계를 '나라와 나라 사이의 관계'가 아닌 '통일을 지향하는 과정에서 잠정적으로 형성되는 특수관계'로 규정했다. 유엔 가입으로 국제사회 속에서 독립적 국가 지위를 확보한 남과 북은 과거 적대 관계를 청산하고 호혜적 관계를 시작할 수 있는 근거 규정을 마련했다. 그러나 국제적 냉전체제가 해체되는 과정에서도 남북 합의만으로는 한반도의 분단구조를 해소할 수 없었다. 우리가 소련, 중국과 국교를 수립한 만큼 북한이 미국, 일본과 수교하면 가능할 일이었다. 아쉽게도 1992년 북한이 김용순 국제 담당 비서를 미국에 보내 수교를 타진했지만 미국은 응하지 않았다.

　미국의 거절은 북한이 핵 카드를 꺼내든 계기가 됐다. 당시 북한은 미군 철수를 전제로 하지 않는 평화협정 체결까지 제안하며 북미 수교를 요청했었다. 북한이 이전까지의 주장과 다른 태도를 보인 것인데 그만큼 생존이 시급했다. '입술이 없으면 이가 시리다'는 순망치한(脣亡齒寒) 명분으로 항미원조(抗美援助)를 감행했던 중국은 전쟁 후엔 친중파를 내세워 북한의 내정에 영향을 미치려 했다. 북한의 중국에 대한 정서가 복잡한 배경이다. 북미 접촉이 열매 없이 끝나고, 중국이 남한과 수교하자 크게 당황한 북한은 1993년 NPT 탈퇴를 선언했다. 제1차 북핵 위기가 시작된 것이다. 북한의 핵 문제는 체제 안보를 위한 극단의 선택이었다. 이후 북한은 30년 넘게 '벼랑 끝외교'를 구사했고 급기야 2017년 11월에는 핵 무력 완성을 선언했다.

초창기 북한의 핵 문제 해결을 위한 협상은 국제사회 속에서 맞물린 남북관계의 한계를 확인해줬다. 지난한 협상 끝에 합의에 도달해도 실행과정에서 크고 작게 발목 잡는 일이 생기면 남북관계에 곧바로 영향을 미쳤다. 최근 사례만 봐도 그렇다. 2017년 트럼프 대통령과 김정은 위원장의 첨예한 갈등 속에서 제3차 북핵 위기가 증폭됐다. 다행히 2018년 2월 평창동계올림픽 계기로 남북대화가 시작됐고, 4월 27일 남북정상회담에 이어 6월 싱가포르에서 최초의 북미정상회담이 열렸다. 9월에는 평양에서 남북정상회담이 진행됐고 9·19 군사합의가 나왔다. 그러나 안타깝게도 이듬해 2월 하노이에서 열린 제2차 북미정상회담이 성과 없이 끝나면서 남북관계가 덩달아 땅에 떨어지고 만 것이다.

냉전시대가 가고 탈냉전시대로 접어들어 체제경쟁에서 승리한 대한민국은 북에 대한 레드콤플렉스를 극복했어야 했다. 러시아와 동유럽국가들, 중국과 베트남 등 구사회주의권 나라들과 교류하면서, 자유시장주의가 현실적으로 우월한 체제임을 현장에서 경험했기 때문이다. 사회주의권으로 시장이 확대되자 대한민국 경제는 빠르게 성장했다. 북한과의 체제 경쟁은 대한민국의 압승이었다. 그럼에도 불구하고, 우리 사회에 깊은 뿌리를 내린 레드콤플렉스는 정치적 목적으로 여전히 소환되고 있다. 간첩론, 빨갱이론, 종북주의 등의 프레임은 타락한 극우파 논리이다. 최근엔 '혐중'정서가 추가됐다. 미국 중심의 일국 패권 시대로부터 다극화시대로 변화하고 있는 오늘날, 병적 현상인 레드콤플렉스가 우리의 발목을 잡게 내버려 두어서는 안된다.

'친위쿠데타' 제압, 대한민국의 우위 입증

인권과 민주주의, 평화의 가치는 자유민주주의의 근간이다. 전쟁 이후 냉전의 엄혹한 국제사회 속에서 우리의 정치 현실은 군사독재를 허용했다. 5.16 군사쿠데타로 집권한 박정희 정권은 안보를 내세우며 인권과 민주주의, 평화를 짓눌렀다. 1980년 광주민주항쟁과 1987년 6월 항쟁의 피값을 치르고 어렵게 자유민주주의 제도를 구축한 대한민국. 우리는 2024년 12월 3일 친위쿠데타를 감행한 윤석열 대통령을 4개월에 걸친 헌법소원을 통해 파면했다. 공권력에 의한 피 흘림 없이 평화적으로 내란을 제압한 것이다. 해방 이후 인민민주주의 혁명을 완성했다고 자찬했지만, 세월이 흘러 관료주의와 시대착오적 3대 세습 정권을 유지하는 북한에 비해 도덕적 우위는 우리에게 있다. 종북(從北)의 이유도 명분도 없음이 명백하다.

근대의 문이 열리자 한반도를 강타했던 국제화 물결은 코리아의 운명을 크게 흔들었다. 대한제국의 황실은 무력했고 몇몇 가문이 자신만의 부귀영화를 지켰지만, 민초(民草)들의 삶은 애달프기 그지없었다. 드라마 '미스터 션샤인'은 당시의 시대상을 잘 보여준 역작이다. 역사는 되풀이되기 마련이다. 에이아이(AI)로 대표되는 과학혁명 시대가 이미 시작됐고, 한반도에는 다시금 대륙과 해양 세력의 파도가 몰아치고 있다. 다른 점이 있다면 적대국이었던 중국, 러시아와 이미 국교를 맺고 수십 년에 걸쳐 교류했던 경험이다. 남과 북은 우리 민족이 함께 사는 길을 찾아 다시 걷고, 모든 인류가 평화롭게 살 수 있도록 힘과 지혜를 모아야 한다. 우리 민족의 계속된 시련은 아마도 세계사적 피스메이킹 소명을 감당하기 위한 훈련이었는지 모르기 때문이다.

2
이승만 대통령의 북진통일론은 틀렸다!

2024년 2월 대한민국 초대 대통령 이승만을 재조명한다는 명분으로 영화 '건국전쟁'이 개봉됐다. 그는 누구였나? 국부(國父)로 칭송됐던 이승만 대통령은 종신집권을 추구하다 국민저항에 부딪혀 4·19혁명 직후 하야하고 하와이로 망명했다. 상해 임시정부 시절 대통령직을 제대로 수행하지 않아 탄핵됐었던 이승만은 해방 후에는 남한만의 단독정부 수립을 강행했다. 한반도 내에서 정당성 있는 유일 정부라고 주장하며 북진통일을 추구했던 이승만 대통령. 그는 전쟁을 유인했을 뿐만 아니라 전쟁 시에는 민간인을 대량으로 학살하는 범죄를 저질렀다. 더구나 반민족 친일 행위를 밝히기 위해 출범했던 반민족행위특별조사위원회(반민특위)를 무산시킨 장본인이었다. 그럼에도 불구하고 반복해서 국부로 소환되는 배경은 무엇일까.

이 대통령의 공과(功過)에 관한 논의는 분분하다. 그러나 무력 불사를 내세운 북진통일론은 민족상잔의 전쟁으로 비화했다. 무능하고 무책임한 신성모 국방부 장관은 "대한민국 국군은 대통령으로부터 명령을 기다리고 있으며, 명령만 있으면 하루 안에 평양이나 원산을 완전히 점령할 수 있다"고 큰소리쳤다. 그러나 막상 북한군이 침공해오자 후방 교란 목적의 북한군 탱크 몇 대를 보고 지레 겁먹은 국방부 장관이 이 대통령에게는 피난을 권하고 기습적으로 한강 철교와 대교를 폭파해 800여 민간인과 군인이 사망했다. 서울에 남았던 시민은 우리 정부의 안심하라는 방송만 믿고 있다가 고립됐고, 군인들은 군사 작전에 애를 먹었다. 실전 경험이 없는 초대 국방부 장관의 좌충우돌 모습이었다.

이승만의 반공주의와 개신교의 밀착

치밀한 작전 없이 말로만 전쟁을 떠벌렸던 국방부 장관. 미국의 군사, 경제원조에만 기대려 했던 이승만 대통령. 우리의 무력 불사 북진통일론은 정치적 구호에 불과했음에 비해, 북한은 내부 개혁으로 민심을 장악한 뒤 소련과 중국을 설득하며 전쟁 준비를 치밀하게 했다. 북한에서는 적산 재산 몰수와 토지개혁으로 친일파와 지주, 상인, 관료 세력이 척결되고 농민과 노동자 중심의 새로운 사회구성체가 형성됐다. 기득권 세력이 일소되고 비교적 동질적인 사회로 재편된 것이다. 서북지방에서는 중국과 상거래 하며 개신교를 받아들였던 신흥 세력이 토지개혁 당시 신의주 학생운동과 같은 저항을 벌이기도 했다. 그러나 공권력에 밀린 이들은 월남행을 택했고, 전쟁 후에는 김일성을 적대시하며 반공주의 이념을 맹종하게 됐다.

해방 당시 북한지역 개신교인 수는 약 20만 명 정도였는데 그 사분지 일인 5만 명 가까이 남하한 것으로 알려졌다. 이들은 훗날 대한민국 개신교계의 교권 중심부를 장악하게 된다. 이승만 대통령의 북진통일론은 북한의 민주기지론, 국토완정론(國土完征)에 정면으로 충돌하는 제로섬 방식의 통일론이었다. 반공주의로 무장하고 고토회복(古土回復)을 열망했던 개신교 세력은 북진통일론을 주장하는 이승만 대통령의 견고한 지지층이 되었고, 오늘날까지도 같은 통일론을 신봉하고 있다. 김구 선생이나 임시정부 출신 인사들은 해방 후 민족분단을 예견하여 남북협상을 시도했지만, 이승만 대통령은 전쟁 이전부터 반공주의를 표방했다. 미국의 이해를 간파했던 이승만 대통령에게 반공주의는 독보적인 정치적 자산이었다.

이승만 대통령에 대한 평가는 입장에 따라 갈릴 수 있다. 그러나 반공 이념을 근거로 수십만의 민간인을 살해한 범죄는 기억해야 한다. 제주 4·3사건, 여수·순천 사건은 전쟁 이전에 발생했고 민간인 3만 명 이상이 희생됐다. 전쟁 중 자행된 '국민보도연맹' 학살은 너무나 안타깝다. 수도 서울을 버리고 야반도주하듯 빠져나간 대통령의 후안무치는 차치하고, 공산 치하에서 버티던 국민 20만 이상을 학살한 대통령을 어떻게 평가해야 할까. 대전 형무소를 시작으로 청주, 대구, 부산, 진주, 마산, 김천, 안동에서는 1만 명 이상의 수감자가 배경 불문 적에게 이로울 수 있다는 이유로 처형됐다. 공공연하게 개신교인임을 내세우면서 대량 학살을 자행한 이 대통령은 계급론과 혁명론에 따라 인민을 처형했던 유물론자를 답습한 꼴이다.

이승만의 '탁월한 외교' 그 이면

아이러니하게도 이승만 대통령을 칭송하는 이들은 그가 대한민국을 공산주의로부터 보호하고 자유민주주의를 지킨 영웅이라고 주장한다. 그러나 부정선거 끝에 3선 개헌 시도 실패로 물러난 이 대통령을 과연 자유민주주의의 수호자로만 기억할 수 있을까? 억울하게 학살당한 민간인의 자유와 생명권은 어떻게 보상할 수 있나? 미국 CIA 문서가 기밀 해제되면서 밝혀진 바에 따르면 이 대통령의 인성은 실망스럽다. 보고서에는 독립운동자금 유용과 여성 편력, 독단적 성격 등의 이슈들이 포함되어 있다. 미국 정부가 휴전을 반대하는 이 대통령을 제거하려 했던 배경에는 그의 인성에 대한 평가도 한몫했을 수 있다. 외교 능력이 탁월했다고 알려졌지만 사실상 이 대통령은 정치적 이해타산에 밝았을 뿐이다.

  이승만 대통령의 북진통일론은 외부 조력에만 기댄 채 상대를 쉽게 굴복시킬 수 있다는 오판에서 나왔다. 국제 정세의 흐름을 읽고 미국이 주도하는 체제에 편승하려 했지만, 민족분열에 치명타를 던지고 말았다. 또한 북한 정세에 대한 정확한 이해 없이 민족통일을 국토통일로만 여겼기에 무력 불사 북진통일론 주장도 서슴없었다. 미국이 소련과 직접 대결을 피하는 상황에서 이승만식 통일은 지지받을 수 없었다. 미국은 오히려 북한을 침공할까 우려해서 군사 지원을 꺼릴 정도였다. 사정이 그런데 이 대통령은 왜 북진통일론을 소리높여 외쳤을까. 정치적 야욕

이 아니라면 설명할 길이 없다. 반공주의를 보루 삼아 38선 이남에서만 아니라 한반도 전체에서 대통령이 되고 싶다는 욕망 말이다.

북한 서북지역에서 중국과 교류하며 재산을 축적했던 상인과 사학단체, 친일파 지주, 관료 중에는 개신교인이 많았다. 이들은 남하 후 미국의 개신교 교단 선교부와 이승만 정부의 지원에 힘입어 교권을 장악했다. 대표적인 개신교 월남 교회인 영락교회는 미국 장로교단 후원과 일제의 적산을 불하받아 서울 한복판에 교회를 건립했다. 이 대통령의 반공주의 정책과 월남한 개신교회의 고토회복 열망이 조응했고 북진통일론의 밑거름이 됐다. 그러나 미국은 또 다른 세계 대전을 원하지 않았다. 소련과의 대결이 열전이 아닌 냉전으로 전환된 이유이고, 한국전쟁이 길고 긴 휴전상태로 남은 이유이기도 했다.

한국전쟁은 민족 내부의 정치 주도권 쟁탈전에 국제 세력을 끌어들인 결과 국제적 분단선에 따라 민족의 명운이 갈리게 한 계기였다. 냉전 시대와 맞물린 한국전쟁은 남북에 씻을 수 없는 상처를 남겼고, 국제적 대 분단선이 사라졌던 30년 탈냉전기에도 해소되지 못했다. 남한에서는 아직도 이승만 대통령 당시의 북진통일론을 주장하는 이들이 있다. 그런가 하면 북한은 2023년 말 남북관계를 교전 중에 있는 '적대적 두 국가'로 규정했다. 2021년 8차 당대회에서는 노동당 규약 전문에 있던 남조선혁명론을 수정했다. 어쩌면 북한이 새로운 길로 먼저 들어섰는지 모른다. 전쟁이 아닌 상생의 길로 들어서기 위해서는 새로운 패러다임이 필요하다. 우리도 대북관과 통일방안을 새롭게 검토하고 남북관계 주도권을 놓치지 말아야 한다.

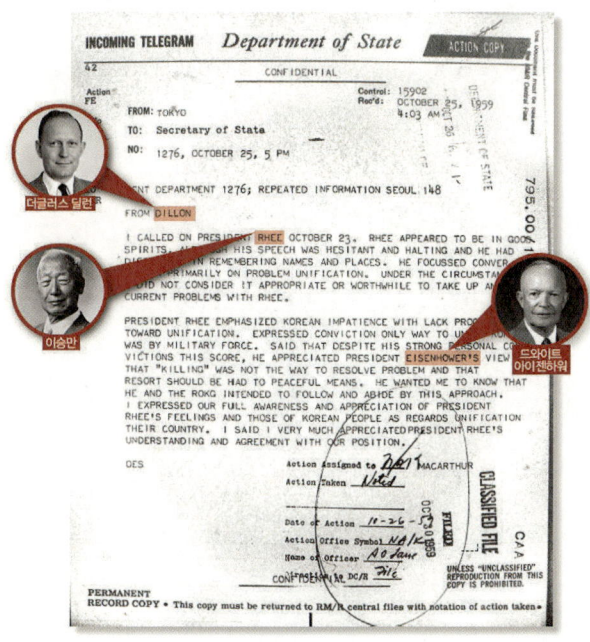

2020년 7월 미 국무부 기밀해제 문건에는 이승만 대통령이 무력을 동원한 북진통일론을 계속 주장했다는 내용이 기록되어 있다. 이는 미국의 대한반도 정책과도 마찰을 일으켰다. 이승만 대통령은 반공포로 석방과 정전협정 서명 거부 등으로 미국을 애먹였는데 북진통일은 관철시키지 못했다. 국제관계 속 대북정책 한계가 명백함을 알 수 있다. (사진: 이동훈, 「"이승만, 북진통일 주장" 美 국무부 기밀문건 발견」, 『주간조선』, 2020년 7월 21일)

3
6·15의 길과 6·25의 길

현대한국사에 있어서 가장 큰 불행은 일본제국주의 강점기를 벗어나자마자 벌인 민족상잔의 전쟁일 것이다. 우리 스스로 독립하지 못하고 국제 정세 변화에 따라 주어진 해방 공간은 민족의 명운에 그림자를 드리웠다. 한반도는 미국과 소련의 패권이 첨예하게 부딪히는 최전선 중 하나가 됐고 남북에 단독정부가 수립되면서 국제적, 민족적 분단선이 중첩됐다. 한국전쟁에서 확인한 바는 남과 북이 서로를 부정하고 일방적 통일을 실현할 수 없다는 점이다. 미국과 소련 혹은 미국과 중국의 대한반도 이해관계가 첨예하기 때문이다. 해양 세력과 대륙 세력이 맞부딪히는 한반도의 지정학적 운명이라고 할 수 있다. 공식적인 종전선언이 없는 상태에서 한반도에는 전쟁의 불씨가 아직도 살아 있다.

남북 정상이 만나 공동선언을 발표하기까지 전쟁 후 50년이 걸렸다. 남과 북은 상호 체제를 인정하고 침략하지 않겠다는 선언을 이미 1991년 남북기본합의서를 통해 했다. 2000년 6·15 남북공동선언은 그 바탕 위에서 가능했다. 남북이 상호 교류를 통해 신뢰를 회복하면 남북연합을 시도하고, 이 또한 자연스럽게 정착하게 되면 완전한 통일을 모색하자는 3단계 통일방안은 김대중 대통령이 제시했던 통일방안이다. 6·15 2항은, 북한이 1980년 정립한 '고려민주연방제통일방안'이 현실적으로 적용하기 어려우니, 우리 통일방안 2단계에 해당하는 남북연합과 북한의 '낮은단계 연방제'의 공통성을 토대로 통일방안을 협의하자는 우리 측 제안에 따른 것이었다.

정당성·현실성 잃은 북한의 혁명론

김일성은 소련의 지원하에 북한지역 소비에트화에 성공했다. 그 과정에서 지주와 친일파를 청산하고 철저히 일제 잔재를 털어냈다. 농민에게 땅을 주고 노동자에게는 일자리를 제공하며 인민이 주인 되는 세상을 국가 비전으로 내세웠다. 당연히 인민들의 지지는 하늘 높은 줄 모르고 치솟았다. 김일성은 자신감에 차서 북에서 완성한 혁명을 남으로 확산시키려 했다. 남조선 혁명론은, 2021년 삭제되기 전까지, 노동당 규약 전문에 천명된 북한의 통일론이었다. 북한은 실패로 끝난 전쟁 이후로도 1968년 무장 간첩을 청와대로 내려보내고, 1983년 아웅산 묘역 테러 사건을 일으키며, 1987년 KAL기를 격추하는 등 무력 사용을 이어갔다. 무력을 동반한 북한의 혁명론은 더 이상 정당하지도 현실적이지도 않다.

민족상잔의 전쟁은 한반도를 피비린내로 뒤덮었고 국토를 화염에 물들인 채 동강 냈다. 불행하게도 남과 북은 전쟁에 관한 서로 다른 시각과 주장을 굽히지 않고 아전인수를 거듭해왔다. 서로에 대한 적대와 증오심을 정치적 소구력으로 삼았던 것이다. 오늘날 남북관계는 서로 다른 정치 시스템의 한계를 최대한 노정(露呈)하고 있다. '조선민주주의인민공화국'의 '민주'가 노동당 독재를 당연시한다면, 민주공화국 '대한민국'은 자유민주주의를 천명하고 있다. 특히 3대 세습 정권을 유지하고 있는 북한과 5년 단임 대통령제의 남한은 정책의 일관성 확보에 근본적 한계가 있다. 1991년 '남북기본합의서'에서부터 2019년 '9.19평양선언'까지 체결하고도 상생의 효력이 발생하지 못하는 이유는 무엇보다 서로 다른 정치 시스템을 꼽을 수 있다.

6·15남북공동선언은 상호체제 인정과 불가침에 합의했던 남북기본합의서를 바탕으로 했다. 이는 정권교체와 관계없이 남북 합의를 이어받았던 최초의 선언이었다. 김대중 대통령은 남북기본합의서를 입안했던 노태우 정부의 실무책임자 임동원을 중용했다. 남과 북의 관계를 "나라와 나라 사이의 관계가 아닌 통일을 지향하는 과정에서 잠정적으로 형성되는 특수관계"로 규정한 남북기본합의서는 민족공동체 통일방안의 토대이기도 했다. 노태우 정부에서 김대중 정부로 대북·통일정책이 이어진 사례는 더 깊은 성찰을 해야 한다. 또한 노무현 대통령의 대북정책까지 이어지면서 남북경협의 기틀이 잡히기도 했다. 그러나 우리가 제대로 돌아볼 새도 없이 북한은 이미 작년부터 새로운 길로 들어서고 있다.

'새로운 길'로 들어선 북한

김정은 위원장은 2023년 12월 제8기 제9차 노동당 중앙위원회 전원회의에서 "북남관계는 더이상 동족관계, 동질관계가 아닌 적대적인 두 국가관계, 전쟁중에 있는 두 교전국관계"로 규정했다. 그 근거로는 "력대 남조선의 위정자들이 들고나온《대북정책》,《통일정책》들에서 일맥상통하는 하나의 공통점이 있다면 우리의《정권붕괴》와《흡수통일》이였으며 지금까지 괴뢰정권이 10여차나 바뀌였지만《자유민주주의체제하의 통일》기조는 추호도 변함없이 그대로 이어져왔"기 때문이라는 것이다. 이후 2024년 1월 열린 제14기 최고인민회의 시정연설에서는 "조선민주주의인민공화국의 주권행사 령역을 합법적으로 정확히 규정짓기 위한 법률적 대책을 세울 필요가" 있다며 우리의 헌법 제3조를 언급했다.

남북관계를 국가 대 국가로 규정하고 영토에 관한 헌법 규정을 명시하겠다고 한 것이다. 또한 "우리 국가의 남쪽 국경선이 명백히 그어진 이상 불법무법의《북방한계선》을 비롯한 그 어떤 경계선도 허용될 수 없으며 대한민국이 우리의 령토, 령공, 령해를 0.001mm라도 침범한다면 그것은 곧 전쟁도발로 간주될 것"이라고 못박았다. 여기서 특이점은 우리 헌법 제3조와 달리 국토 영역을 '남쪽 국경선'이라고 지칭한 지점이다. 김정은 위원장은 대한민국 국호를 사용하면서 휴전선 이남의 정권 실체를 '괴뢰'가 아닌 독자적 국가로 인정하고 있다. 이는 선대 수령들의 대남·통일정책의 본격 전환을 알리는 신호탄으로 읽힌다. 이미 북한은 2021년 제8차 당대회에서 당규약 전문에 명시됐던 남조선 혁명론을 수정한 바 있다.

남북관계의 '적대적 국가관계' 규정은 정전체제를 전환하지 못하고 있는 형편에서 볼 때 이상한 일이 아니다. 2015년부터 효력이 발생한 우리 군의 작전계획 5015를 염두에 둔다면 더욱 그렇다. 북한 전 영토를 평정하고 자유민주주의를 심는 군정을 실시하겠다는 작전인데, 참수작전을 동반한 군사훈련이기에 북한을 자극하기에 충분하다. "조선반도에서 전쟁이 일어나는 경우에는 대한민국을 완전히 점령, 평정, 수복하고 공화국 령역에 편입시키는 문제를 반영하는 것도 중요하다"고 함은 그 대응이다. 북한을 자극하면서 평화를 기대할 수 없다. 남북관계는 상대적이고 평화의 길은 정해져 있다. 평화를 지키려면 전쟁을 준비하기보다 이제부턴 평화를 훈련해야 한다.

6·15는 바로 그 같은 길을 열었고 남북경협의 꽃, 개성공단을 현실화했다. 불행히도 우리는 가장 소중했던 역사적 자산을 생각 없이 내팽개쳤다. 북한의 핵 개발 역사를 오역한 참사였다. 북한에 대한, 평화에 대한 무지는 물론 민족의 번영과 역사적 사명에 대한 몰이해와 소시민적 근성이 발목을 잡은 탓이다. 어떤 이들은 아직도 6·25의 길을 주창한다. 윤석열

정부의 통일연구원은 헌법 제3조와 제4조의 내용을 공공연히 앞세웠다. 6·25의 길을 고집한다면 이는 국가에 위임한 권력을 잘못 사용함이다. 북한을 자극해서 국지전을 유도한다면 외환죄에 해당하는 배임이다. 6·25의 길이 아닌 6·15의 길만이 상생의 길이다.

4
아직도 끝나지 않은 6·25 한국전쟁

1953년 7월 27일은 정전협정이 체결됐던 날이다. 한반도를 쑥대밭으로 만들었던 전쟁을 일단 멈춰 세우고, 정치협상을 통해 한반도 문제를 해결하기 기대했던 정전협정은 확전을 막기 위한 임시방편이었다. 정전협정에는 유엔과 중국, 그리고 북한이 사인했고 남한은 참여하지 않았다. 통일문제를 '외국군 철수' 논의와 함께 협의하도록 한 정전협정은 전쟁을 끝내기엔 한계가 다분했다. 휴전에 반대하던 이승만 정부를 안심시키기 위해 한미상호방위조약을 체결한 직후였기에 더욱 그렇다. 태평양전쟁에 버금가는 무기를 쏟아붓고 300만 명 이상의 사상자를 낸 한국전쟁은 승자도 패자도 없이 멈춰 서있다. 남북이 서로의 체제를 인정하지 않은 채 일방적인 통일만을 주장한다면 전쟁의 불씨가 되살아날 것이다.

6·25 전쟁은 승자 독식, 제로섬 방식의 통일론을 주장하다가 벌어진 전쟁이었다. 전쟁 수습과정에서 차라리 두 국가 해법을 모색했다면 어땠을까. 소련과 미국 군정하에서 탄생한 남북 정부의 실체를 어느 한 편이 부정할 수 없는 현실을 인정했더라면 어땠을까. 신생국이었던 중국은 연합군이 압록강 인근까지 세력을 뻗치자 '순망치한(脣亡齒寒)' 즉, 입술이 없으면 이가 시리다는 논리로 파병했다. 미국과 맞부딪히지 않도록 완충지대로서 북한을 지킨다는 자국 이해를 분명히 한 것이다. 소련과 중국, 미국의 지정학적 역학 속에서 처음부터 일방적인 통일은 불가능에 가까웠다. 그런데도 남북의 권력자들은 통일을 국시처럼 떠받쳤고 분단 상황은 권력 쟁취나 유지를 위해 이용됐다.

국제관계과 남북관계의 순응 역학

한반도 분단구조의 층위는 크게 삼분(三分)된다. 국토의 분단, 정권의 분단, 그리고 민족의 분단. 38선으로 인한 국토 분단은 세계 대전 이후 국제 정세 속에서 한반도에 진입한 소련군의 남하를 막기 위해 더 견고해졌다. 38선은 미군의 한반도 진입 전,

일본군이 예상 밖으로 쉽게 항복하자, 소련군에 의한 한반도 점유를 막을 명분도 됐다. 남북에 독립 정권이 들어서고 전쟁까지 치룬 후에도 남과 북은 치열한 체제경쟁 속에서 무력에 의한 흡수통일을 포기하지 않았다. 1970년대 미국과 중국의 '데탕트' 분위기 속에서 처음 남북대화가 시도됐다. 이후 본격적인 탈냉전이 진행되자 1991년 남북은 유엔에 동시 가입했다. 흡수통일에 대한 북한의 우려가 작용한 결과였다. 영구 분단론을 반대할 겨를 없이 국가의 존망 자체가 위급했기 때문이다.

역사를 돌이켜 보면 우리가 국제관계 변화에 발맞추어 민첩하게 대응했을 때 남북관계는 유연하게 펼쳐졌다. 노태우 정부 때가 대표적이다. 88서울올림픽을 성공적으로 개최한 후, 국제 정세 변화를 민첩하게 파악했던 우리 정부는 소련, 헝가리, 폴란드, 체코슬로바키아, 그리고 중국과 수교하면서 남북기본합의서를 도출하고 유엔에도 가입했다. 군부 정권이 앞장섰기에 이념논쟁을 동반한 국내 저항은 없다시피 했다. 고위급회담이 이어졌고 적대적 남북관계는 교류와 협력을 통한 상호체제 인정과 불가침을 전제하며 변화했다. 이후 남북관계가 국제관계를 선도하기도 했는데, 김대중 정부와 노무현 정부는 정상회담과 개성공단 사업 등을 통해 북핵 위기 국면에서 일정한 관리자 역할을 할 수 있었다.

2017년 북미 갈등이 최고에 달하다가 극적인 타결 국면으로 전환될 때는 문재인 정부의 역할이 중요했다. 2019년 2월 하노이회담이 실패로 끝나면서 수포처럼 됐지만, 상대하기 어려운 두 정상을 테이블에 앉게 한 공은 문재인 정부에 있다고 해도 과언이 아니다. 미국 네오콘 입장을 대변해 온 존 볼턴은 회고록에서 북미정상회담이 트럼프 대통령의 재선을 위한 쇼였다고 비난했다. 그는 정상회담이 '한국의 창조물'이었다며 "한국의 통일 어젠다에 더 많이 관련됐다"고 불만을 토로했다. 이는 우리 정부의 숨은 노력을 반증한 것이다. 반면 트럼프는 리비아식 해법을 주장한 볼턴 때문에 회담이 실패했다고 반박했다. 트럼프 2기 대북정책이 성과를 낼 수 있을지 귀추가 주목된다.

탈냉전시대 지나 다극화시대의 도래

국제관계에서 힘의 역학은 변화하기 마련이다. 냉전 시대에 이은 탈냉전 시대가 가고 다시 새로운 국제 환경이 만들어지고 있다. 소련 붕괴 후 1990년대 미국이 주도해온 단일패권 국제 질서가 바뀌면서 미국은 더 이상 프리미엄을 누리기 어렵게 됐다. 중국과 러시아, 중동과 동남아 등 미국이 통제하지 못하는 가운데 다극화시대가 열리고 있기 때문이다. 우·러 전쟁이 장기화하면서 러시아와 북한이 군사동맹을 맺었지만, 러시아는 지난 30년 넘게 대한민국의 시장이었고 교류가 활발했었다. 다행히 러시아엔 한국에 대한 선호도가 여전히 남아 있다. 극동 개발에 역점을두고 있는 푸틴에게 연해주와 남북한을 잇는 시장이 매력적일 것이다. 한반도에서 대륙으로 향하는 길은 우리 후손의 장래를 위해서 긴요하다. 과거의 북한에 발목 잡혀서는 안 된다.

　　우·러 전쟁은 고립무원 북한에 살길을 열어줬다. 미국이 하노이회담 실패를 비롯 북한 핵 문제 해결의 기회를 번번이 걷어차자 불신에 불신을 키운 북한은 정면돌파와 자력갱생을 외치며 새로운 길을 모색했다. 우크라이나 침공 이후 강도 높은 제재를 받는 러시아는 북한과 군사적으로나 경제적으로 밀접해졌다. 재집권한 트럼프 대통령은 1기때와 다른 대북정책 기조를 보일 것으로 알려졌다. 물론 몸값이 높아진 북한은 빅딜(Big deal)을 요구할 것이다. 북한은 탈냉전기 초반부터 미국과의 국교 수립을 원했고 미군 철수를 전제로 하지 않는 평화협정체결을 제안했었다. 1994년부터 30년에 걸친 미국의 대북정책은 실패했다. 북한의 체제 내구성은 여전히 강하고 북핵 능력은 날로 고도화하고 있다. 미국 역시 새로운 길을 모색해야 한다.

6·25 한국전쟁의 성격은 내전으로 시작했지만 국제전으로 확산됐다. 또한 권력 쟁탈이나 유지를 위해 분단 상황을 정치적으로 이용했기 때문에 남북관계를 호혜적으로 발전시키기 어려웠다. 국제 체제 속에서 강대국의 패권 다툼은 남북관계를 초월해서 더 큰 구조적 힘을 발휘한다. 우리와 미국의 정권이 바뀌면서 대북정책 혼선이 빚어지면 북한과의 협력도 단절되곤 했다. 이 복잡한 관계를 풀기 위해서는 고도의 해법이 필요하다. 핵무장으로 북한을 굴복시키자는 주장은 허구에 가깝다. 공멸을 부르는 전쟁을 원하지 않는다면 다른 길은 없다. 북한을 있는 그대로 받아들이고 평화를 위해 경쟁해야 한다. 전쟁을 끝내지 못하는 남북은 주변국으로부터 이용당하기 쉬울 뿐이다. 실용적 해법이 절실하다.

북에서는 정전협정 조인장을 그대로 보존하고 있다. 정전협정 체결을 전승절로 기념하기 위한 선전의 방편으로 삼고 있기 때문이다. 북은 6·25 한국전쟁을 '미제국주의자들의 침략전쟁'이라고 규정하고 1953년 7월 27일을 자신들이 승리한 날이라 주장한다. 우리와 얼마나 다른가? 2018년 12월 방문했던 정전협정 조인장.

정전협정을 평화협정으로 전환하려 한다면 '과거를 묻지 마세요'가 상책일 듯하다. 진위 논쟁이 불필요해졌기 때문이다. 탈냉전기 우리가 소련과 국교를 수립한 1990년 이후 소련이 기밀 해제된 문서를 공개했는데 김일성과 스탈린의 대화록이 알려진 것이다. 남조선혁명을 낙관했던 김일성이 스탈린을 설득하며 지원을 요청하는 대목이 드러났다. 전승절 주장은 북의 내부 통치를 위한 역사 왜곡이라 이해된다. 조인장 내부에는 당시 문서라고 주장하는 서류들이 전시되어 있다. 조인장 내에 전시된 정전협정 문서. 내용은 볼 수 없었다. 정전협정이 아닌 종전협정이 체결됐어야 한다고 생각하며 손을 얹었다.

5　오고 가면 통일이다!

"오고 가면 통일이다!" 한반도 평화와 통일을 위해 힘써 온 단체들과 이러 저러하게 협력하는 필자가 건배사를 할 때 자주 쓰는 문구이다. 오랫동안 현실적인 통일 담론을 제시하고자 씨름하던 차에 떠오른 구절이다. 남북이 독립적인 정부 수립 후 경쟁적으로 내세웠던 통일론은 정치적 헤게모니 장악을 위한 사투였고 전쟁으로까지 치달았다. 북의 남조선 혁명론과 남의 북진통일론은 모두 제로섬 게임(zero-sum game) 방식의 통일론이었다. 전쟁의 참화를 겪고 나서도 자력으로 전쟁을 끝맺지 못하고 있는 남과 북은 첫 단추를 다시 채워야 한다. 남북관계의 회복은 북미관계를 견인하기 위해 필수적이다. 북한의 핵문제 해결은 북미관계 정상화를 통해 가능하다. 전쟁을 끝내고 한반도 평화를 완성하기 위해서 다른 길은 없다. 수없이 미끄러졌지만 남북 화해와 관계 개선이 먼저다.

우리의 통일방안에 답이 있다

통일을 이야기하기 무색할 정도로 남북관계는 냉랭해졌다. 새로운 통일방안이 필요한가? 먼저 우리 정부의 공식 통일방안으로 자리 잡은 '민족공동체 통일방안'을 살펴보자. '교류협력-남북연합-완전한 통일'의 3단계를 상정한 과정론임을 알 수 있다. 현재로서는 남북이 교류 협력을 통해 다시 신뢰를 쌓아야 한다. 2019년 2월 하노이에서 어긋난 길이 철저하게 막혔기 때문이다. 교류 협력이 회복되면 그 이후의 단계는 남북연합의 현실화이다. 유럽연합 사례와 같이 정치적 통합 이전에 경제통합을 우선하는 경로이다. 남북은 이미 6·15남북공동성명 제2항에서 북의 '낮은단계연방제'와 남의 '연합제'가 서로 공통성이 있다고 인정하고 그 위에서 통일을 추구해나가기로 했다. 북에서는 전대 수령들이 체결한 남북 합의를 기반으로 인민을 설득할 담론을 어렵지 않게 만들어갈 수 있다. 우리도 노태우 정부-김대중 정부-노무현 정부-문재인 정부가 발전시켜온 남북 합의를 새롭게 다지며 길을 낼 필요가 있다.

남과 북은 그동안 개성공단과 금강산관광뿐만 아니라 크고 작은 경협사업을 통해 경제공동체 구축의 길을 걸어 봤다. 소중한 자산이다. 독일통일의 설계자 에곤 바도 "한국형 통일 모델은 개성공단"이라며 개성공단의 역할을 매우 높게 평가했다. 1991년 남북기본합의서 준비과정에서부터 독일 통일 사례를 참고했던 임동원 전 통일부장관은 "통일은 과정이다"라고 천명했다. 통일은 도둑같이 온다는 말과 대응되는 말이다. 임 전 장관은 김대중 정부에서 미국의 클린턴 정부의 대북정책이었던 '페리 프로세스(Perry process)'를 기안하기도 했다. 남북관계와 북미관계, 통일과 북한 핵 문제는 뫼비우스의 띠(Mobius strip)처럼 연계되어 있다. 현재까지 쌓인 역사적 경험은 충분하다. 남북의 체제 통합은 한반도 평화 완성 과정에서 결과로 주어질 것이다. 북의 김정은은 이미 Two Korea 전략을 천명했다.

2014년 7월 발표된 공화국 성명에서 "북과 남은 련방련합제 방식의 통일방안을 구체화하고 실현하기 위해 노력함으로써 공존, 공영, 공리를 적극 도모해 나가야 한다"고 밝혔다. '낮은단계연방제'를 보다 구체화해서 '련방련합제'를 제시한 것이다. 뿐만 아니라 2021년 1월 제8차 당대회에서 당의 목적을 '전국적 범위에서 민족해방 민주주의 혁명 과업 수행'이 아닌 '사회의 자주적이며 민주적인 발전 실현'이라고 했다. 철칙처럼 여겼던 당의 '혁명 과업'을 보편화한 것이다. 북의 남침을 경계하며 안보 불안중에 시달려온 우리 국민에게 이 작은 변화는 크게 다가오지 않을 수 있다. 그렇지만 1990년대 고난의 행군기를 거쳐 벼랑 끝에 서서 생존게임을 벌여왔던 북을 이해한다면 빈말이나 제스쳐가 아님을 알 수 있다. 집권 당시부터 김정은 위원장의 관심은 '인민대중제일주의'에 쏠려 있었다. 인민이 잘먹고 잘사는 문제가 당장 큰 과제이고 이를 위해 미국과의 핵 담판도 시도했던 것이다.

남북관계, 인도적 만남으로 풀어야

미 하원은 2022년 12월 117대 의회에서 민주당 그레이스 맹 의원과 공화당 밴 테일러 의원이 공동 발의한 북미 이산가족 상봉법안을 채택한 바 있다. 2023년 하원 외교위원회 산하 인도·태평양 소위 위원장으로 임명된 한국계 공화당 영김 의원은 2월 14일 민주당 시드니 캠라거-도브 의원과 함께 미북 이산가족 상봉 지지결의안을 발의했다. 국무부가 관련 정책을 마련하여 의회에 보고하고, 한국 정부와 협력하여 남북 이산가족 화상 상봉 추진 시 한국계 미국 시민을 포함하도록 권고하는 내용이다. 2025년 2월 119

대 의회에서는 상하원 공동으로 북미이산가족등록법이 발의됐다. 일찍이 2007년 상하원에서 통과된 바 있는 재미이산가족상봉법안은 실행 시기를 놓쳤었다. 2009년 재미 이산가족 대사로 로버트 킹이 임명됐고, 2012년에 힐러리 클린턴 국무장관이 가족 명단을 북한에 발송하기도 했지만 안타깝게도 김정일 사망으로 기회를 놓쳤었다. 가족의 만남은 무엇보다 시급한 인도적 과제이다.

　　남북관계 복원을 위해서도 역시 만남이 중요하다. 관계가 단절된 채 상호간 피해의식만 되새긴다면 평화는 요원해지기 때문이다. 2020년 6월 남북연락사무소 건물 폭파로 절연(緣絶) 의지를 굳건히 했던 북한. 왜 그랬을까? 남쪽과 단절해야 할 속사정이 있었던 것은 아닐까? 전문가들은 '반동사상문화배격법(2020년)', '청년교양보장법(2021년)', '평양문화어보호법(2023년)' 등의 제정을 근거로 다음 세대 청년들을 단속하기 위한 목적이 크다고 보고 있다. 사상 강국을 내세우는 북한인지라 설득력이 있다. 남북이 80년 넘게 달리 살아 온 시간을 한꺼번에 걷어낼 수는 없다. 세월이 흘러도 답은 같다. 평화를 위해서 남은 북을, 북은 남을 있는 그대로 인정하고 상생의 길을 모색해야 한다. 그러기 위해서 남에서 북으로, 북에서 남으로 오가는 길을 더 다양하고 넓게 만들어야 한다. 서로 오가는 길에 어려움이 없을 때 사실상의 통일은 시작될 것이다. 과정으로서의 통일은 오고가야 가능하다.

처음 평양을 방문한 때는 2006년 6월로 남북나눔운동의 지원 사업 모니터링을 위해서였다. 황해도 천덕리 농가주택 개량 사업 현장과 묘향산과 서해 갑문 등지도 방문했다. 당시엔 방북을 위해서 통일교육원에서 진행하는 안보 교육을 필수적으로 받아야 했고, 중국의 연길, 심양, 북경 등의 공항에서 고려항공을 타고 순안공항으로 향했다.

순안공항에 도착한 후 비행기에서 내려 버스로 이동하기 전 한 컷. 멀리 김일성 수령의 사진이 보인다. (2006.06)

황해도 천덕리 농가 주택 개량사업 현지 모니터링을 위한 방문이었다. 처음엔 지붕 수리를 계획했으나 오래된 건물 구조상 재건축이 불가피했다.(2006.06)

간단한 수속을 마치고 공항을 나와 평양을 향해가던 도로변에서 오가는 사람들과 시내에 들어서면서 TV에서 보았던 건축물들을 실물로 접하니 그저 신기하기만 했던 첫 방문이었다. 특히 방문 기간 내내 동행했던 참사들과 방문지의 안내원 동지들은 잠깐 만나고 헤어지는 관계였지만 애틋한 마음이 자연스럽게 올라왔다.

남북나눔운동 방문자들을 안내했던 참사들과 한 컷. 강 건너편에 보이는 건물이 인민대학습당이고, 그 앞이 김일성 광장이다.(2006.06)

대동강변 주체사상탑 입구에서 안내원 동지와 한 컷. 1982년 김일성 수령의 70세 생일을 기해 70미터 높이로 지은 주체사상탑. 사진 배경으로 보이는 벽면은 80여 나라에서 주체사상을 연구한다는 252단체가 보내온 돌판으로 꾸며져 있다. 주체사상을 세계 인민이 흠모하고 있음을 선전하는 것이다. (2006.06)

2008년 10월엔 남북함께살기운동을 통해 방북했다. 평양시내 탁아소와 김일성 주석의 모교 창덕학교, 김책공대 등을 방문, 평양시민들의 일상을 경험했다. 숙소인 양각도 호텔은 대동강과 인접해 있어서 아침에 산책이 가능했다. 2018년 12월엔 양묘장 지원사업을 하는 OGKM 방문단 일원으로 방북했다. 10년 만에 방문한 평양은 한층 자유로워 보였다. 대형 마트와 고급 음식점, 고층건물들이 들어서 있었다.

2008년 10월 남북함께살기운동과 함께 방문했다. 김일성 주석의 생가로 알려진 만경대 앞. 평양 시내에서 서쪽으로 12km 떨어진 대동강 하류 근처인 이곳은 북에서 혁명의 성지로 여겨진다.

묘향산 국제친선박람관 앞. 전 세계에서 보내온 각종 선물들이 전시되어 있다.
우리나라 대기업과 언론사에서 보낸 선물도 전시되어 있다.(2009.10)

평양냉면을 맛볼 수 있는 옥류관 앞에서. 평양시민들은 배급표를 받아서 입장한다. 봉사원 동무가 200g을 먹을 것인지 300g을 먹을 것인지 물었다. 양을 가늠할 수 없어서 적은 것으로 주문했다. 여러 가지 고명을 올려 눈으로 보기에 좋았다. 맛은 슴슴해서 부담없이 계속 먹을 수 있었다.(2008. 10)

공과계통으로 유명한 김책공대 내부도 둘러보았다. 명성에 걸맞게 최신식 건물에 학업환경이 좋아 보였다. 학생들은 교복같은 통일된 복장을 했고 질서 정연하게 공부하는 모습이 일상적인 듯했다.(2008.10)

문재인 대통령은 2018년 9월 평양 방문 당시 능라도 5.1경기장에서 "우리는 5천 년을 함께 살고 70년을 헤어져 살았습니다" 라고 했다. 5천 년 동안 우리 민족 안에 다양한 공존 방식이 있었다. 민족의 하나됨은 체제 통합만을 뜻하지 않는다. 하나됨은 그 자체가 목적이기보다 평화의 완성을 위해 필요한 경로이다. 통일의 개념을 달리 생각해볼 때가 됐다. 오고 갈 수 있으면 그 또한 통일이다.

2018년 12월 OGKM 소속으로 산림협력 모니터링차 방문한 온천군 양묘장 앞. 전국 250여개 군(郡) 단위 양묘장을 지원할 수 있도록 업무협약을 맺은 OGKM. 양묘장을 필두로 보건소와 학교, 탁아소, 마을회관 등 마을 개발 사업이 가능했다. 아쉽게도 현재는 사업이 멈춘 상태이다. (2018. 12)

강원도 양묘장 모습. 북은 2013년부터 국가가 나서서 전 국토 산림화, 원림화를 추진했다. 강원도에 있는 국립 양묘장에서는 일년에 2천만 그루 묘목이 생산된다. 사진 속 멀리 한창 개발 중에 있는 건물들이 보이는데 바로 원산-갈마 해안 지구 모습이다.(2018.12)

북측 판문각, 남측 평화의집이 보이는 곳에서 한컷. 판문점을 지나서 바로 올 수 있는 곳인데, 중국을 거쳐 평양에 도착한 후 가느라 최소한 1박 2일을 소비했다. 판문각에서는 남측의 와이파이가 작동하는지 SNS 메시지가 계속 들어왔다.(2018.12)

모자부터 구두까지 잘 차려입은 북한 군인. 사진 촬영을 청하니 거부하지 않고 응해주었다.(2018.12)

10년 만에 방문한 평양. 물자가 풍부해졌고 대동강변엔 고급 음식점도 즐비했다. 특히 철갑상어를 양식해서 판매하는 대동강수산물식당은 인상적이었다. 난 생처음 맛본 철갑상어회.(2018.12)

광복지구상업중심. 1층엔 대형 마트가 들어와 성업중이었고, 2층엔 공산품 가게들이 다양하게 있다. 공산품은 거의 중국산.(2018.12)

6

일본의 군국주의와 그 몰락

일본 근대화 과정은 서구 열강들로부터 자국을 지키려는 노력과 더불어 열강의 반열에 오르고자 하는 염원 속에 진행됐다. 정치적으로는 봉건제 산물인 번(藩) 제도를 개혁하면서 천황을 내세운 중앙집권적 근대국가 수립 과정이 맞물렸다. 700년 막부시대가 가고 조슈번과 사쓰마번이 주도하는 메이지 유신 시대가 열린 것이다. 미국과 영국, 독일의 영향을 받으며 빠르게 제국주의에 합류한 일본은 겉으로는 서구 열강의 침탈로부터 아시아를 지킨다는 명분을 내세웠지만, 사실상 식민지 쟁탈전에 뛰어들었다. 세계대전에 가담하면서 군국주의를 추구했던 일본은 제국주의의 팽창 욕구를 분출하며 식민지 수탈의 역사를 기록했다. 급기야 미국을 상대로 무모한 전쟁을 벌이다가 패망의 늪에 빠지고 말았다.

인권·민주주의 대신
패권을 좇은 메이지유신

도쿠가와 막부와 대립각을 세우던 조슈번과 사쓰마번이 메이지 유신을 주도할 수 있었던 계기는 1858년 미·일통상수호조약이었다. 이들은 도쿠가와 막부가 천황의 반대에도 불구하고 독단적으로 불평등조약을 체결했다며 반발했다. 또한 1863년과 1864년 프랑스와 미국 상선 포격을 빌미로 프·미 연합함대가 구성되어 일본 침략계획을 본격화하자 조슈번 출신 이토 히로부미는 영국 유학 중 급히 귀국한다. 산업혁명에 성공한 서구 열강의 발전상을 목도한 이토는 '양이(攘夷)'를 멈추자며 협상 창구역(役)을 자청했다. 그러면서 이토는 이를 막부 공격의 기회로 삼았다. 포격은 조슈번과 사쓰마번이 강행했지만, 그 책임을 도쿠가와 막부에 돌리면서 배상금을 지급하도록 만들었던 것이다.

이토 히로부미는 일본인에게 근대국가의 창설자로 추앙되는 인물이다. 이토가 중심이 된 메이지유신 파는 1868년 '천황을 옹립하여 세상을 개혁한다'는 명분을 내세우며 천황 군(軍)으로 막부 군(軍)을 타도하고 에도성을 접수했다. 메이지 정부는 1871년 국가 예산 1%에 달하는 거금을 투자해서 서구 열강 12개국에 사절단을 파견했다. 현실적으로 불가능해 보였지만 서구와 맺은 불평등조약을 타개한다는 명분이었다. 이토 히로부미는 이와쿠라를 단장으로 한 사절단 일원으로 미국, 영국, 프랑스, 독일 등지를 방문하여, 미국의 철도 기관과 영국의 제철소는 물론 기관차·군함 공장 등을 시찰했다. 이후 메이지 정부는 철도와 광산 개발에 박차를 가하며 철도망과 기관차, 군함 등 군국주의 발전에 기초가 되는 산업을 부흥시켰다.

    1889년에 발표된 '대일본제국헌법'은 천황을 중심으로 하는 일본 특색의 입헌군주제 모습을 그렸다. '천황은 신성하며 불가침하다'고 하여 천황에 종교적 권위까지 부여해 근대국가 정신은 반영하지 못했다. 천황이 일본을 하나로 묶는 구심이 될 수 있지만, 근대국가의 발전 방향인 인권과 민주주의 신장과는 거리가 멀었기 때문이다. 일본 천황제는 아시아 국가들 안에서도 보편적 가치를 제시하지 못했다. 당시 일본은 서구 열강의 패권을 추종하는 데 혈안이 되었을 뿐이다. 의원내각제와 의회제도를 확립하고 초대 내각총리대신을 맡았던 이토는 5대, 7대, 10대 총리로 활약했고 제1대 조선통감으로 부임했다. 1909년 10월 하얼빈역에서 안중근 의사의 총격을 받고 사망하기까지 일본제국의 영화를 누렸다.

요시다 쇼인은 메이지 유신의 사상적 기초를 제공한 인물이다. 일본제국주의 팽창의 토대가 된 정한론과 대동아공영론, 그리고 일군만민론(一君萬民論)은 요시다의 옥중저서인 '유수록'의 영향을 받아 형성됐다. 기본 내용은 일본을 서양으로부터 지키기 위해서는 강한 군사력을 갖추고 북과 남으로 정벌에 나서야 한다는 것이다. 천황 아래서 만민이 평등하다는 일군만민론은 천황제 패권주의로 제국주의와 다를 바 없었다. 요시다의 제자 이토 히로부미는 미국 방문 당시 "국내 개혁을 단행하고 떠오르는 태양과 같이 세계로 뻗어나갈 것"이라며 일명 일장기 연설을 발표했다. 서구 발전상을 답습하겠다는 포부를 밝히며 전격적으로 근대화에 몰입했다. 이후 군국주의를 표방한 일본제국은 전쟁 국가로서 브레이크 없는 가속 페달만을 밟게 됐다.

군국주의는 전쟁과 패망을 부를 뿐

일본의 군국주의가 서구 열강의 제국주의 침탈에 맞서기 위해 출발하기는 했지만, 역사가 증거하는 바와 같이 아시아 국가들을 보호한다는 팽창 명분은 기만에 불과했다. 난징 대학살과 한반도 강점기에 보였던 일본의 모습은 제국주의 수탈 본성을 고스란히 드러냈던 것이다. 메이지 유신론은 천황제 패권 실현을 위한 국력 신장론이었다. 아시아 패권을 거머쥐자 미국을 상대로 태평양전쟁을 일으켰던 일본은 기세 좋게 하와이 진주만을 공습했다. 신흥 강자로 떠오른 미국은 나가사키와 히로시마에 원자폭탄을 투하했고 일본은 패망의 길로 접어들었다. 일본은 미국의 대소련 전략 하에 방패막이로 살아남았지만, 자신의 제국주의 침탈역사는 부인한채, '피폭 국가' 이미지를 내세우며 역사적 책임을 회피하고 있다.

나가사키와 히로시마에 있는 원폭 피해 박물관은 무고한 민간인 피해를 고스란히 담고 있다. 물론 문제의 소지는 다분하다. 전쟁 범죄를 저질렀던 장본인과 그 후손들은 여전히 정치 엘리트로서 명맥을 잇고 있다. 전후 미국과 소련을 중심으로 냉전 질서가 구축되면서 일본은 대소련 전략의 미국 파트너가 됐고 일본이 아닌 한반도가 냉전의 전초기지가 됐다. 6·25 한국전쟁은 남과 북에 독립 정부가 수립되면서 예견됐다. 해방 직후 남과 북으로 갈려 또 다른 민족적 시련에 직면해왔던 우리 민족은 여전히 일본을 극복하지 못하고 있다. 일제 잔재를 미처 청산하지 못한채 재편된 국제 체제의 하부로서 남북 체제경쟁에

휩싸이게 됐기 때문이다. 일제로부터 해방된 지 80년이 되는 올해 우리 안에서 더 깊은 성찰이 필요하다.

  일본의 우익은 여전히 요시다 쇼인의 정신세계에 갇혀있다. 2022년 피습으로 사망한 아베 전 총리는 조슈번 출신으로, 요시다 쇼인을 가장 존경하는 인물로 꼽았었다. 정치적으로나 경제적으로 군국주의 그 이상의 가치를 찾아내고 전파할 수 없다면, 일본이 장차 경제 부흥을 꿈꾼다 한들 미래를 선도하는 국가가 될 수 없다. 국제 정세가 미·소에서 미·중 패권 다툼으로 변화하는 가운데 일본은 자기 성찰의 계기를 번번이 놓쳤다. 세계 대전에서 패한 후 과거를 철저하게 반성하고 유럽에서 리더 국가로 거듭난 독일과 대비된다. 청산되어야 할 과거에 갇혀있는 한 일본은 장래를 희망할 수 없다. 원폭피해국이 아니라 군국주의가 불렀던 잔혹한 수탈의 역사를 되돌아보는 데서 시작해야 한다.

2019년 5월 일본 지바 관동대지진희생자위령비 앞에서 한반도 평화발걸음 참가자들이 희생자들을 추모하면서 한반도 평화, 한국과 일본의 화해를 위해 기도하고 있다.

일본의 수도 도쿄에 있는 황궁

7 이토의 길과 안중근의 길

아시아에서 제일 먼저 근대화의 길로 진입했던 일본. 1868년 메이지 유신을 단행하면서 일본은 곧바로 서구 열강들과 어깨를 나란히 하며 제국주의 팽창 열기에 몸을 실었다. 청·일전쟁과 러·일전쟁, 중·일전쟁과 태평양전쟁 등 전쟁을 거듭할수록 일본 군국주의 기세는 하늘을 찌를 듯했다. 독일과 더불어 세계를 제패한다는 망상을 갖기까지 질주했는데, 미국이 투하한 두 개의 원폭으로 순식간에 기가 꺾이고 말았다. 일본은 왜 미국을 상대로 무모한 전쟁을 벌였을까? 열강으로부터 자국을 지킨다는 자강론이 개혁의 동인이었지만 식민지를 차지하면서부터 탐심이 분출했기 때문일 것이다.

이토 히로부미는 일찍이 영국에 유학하며 당대 최고의 문물을 익혔다. 쇼군 천하의 사무라이는 아니었지만, 조슈번 출신으로서 영국 유학 시절의 네트워크를 통해 공을 세운 이토는 28세 때 메이지 유신 정부의 효고현 지사로 임명됐다. 1868년 성공적으로 유신을 주도했던 이토는 1889년 발표한 일본제국주의 헌법의 초안을 작성했다. 제1조부터 제17조까지 천황 관련 신성불가침 규정이 있을 정도로 천황 중심의 국가를 설계했다. 근대국가 정체성과는 모순됐지만, 천황제 옹립은 메이지 유신 파의 근대식 중앙집권 명분으로 작용했다. 사무라이 중심의 막부시대를 청산하기 위한 정치적 이해관계가 반영된 것이다.

프로이센을 모델로 한 일본식 제국주의의 탄생

양원제 의회제도와 의원내각제를 확립하고 초대 총리가 된 이토는 제국 군대를 구축한 야마가타 아리토모, 유럽 중립국을 따라 강소국으로서의 빠른 성장을 주장한 마쓰카타 마사요시, 제국대학 시스템을 구축한 모리 아리노리 등과 함께 일본식 제국주의 체제를 탄생시켰다. 이들은 프로이센 제국을 모델로 삼았는데, 이토는 독일 사회학자 로렌츠 폰 슈타인과 법학자 루돌프 그나이스트를 만나서 기독교 바탕의 유럽과 다르지만 일본 특유의 근대국가 골격을 완성할 수 있었다. 천황은 유럽에서의 교황과 같은 존재로서 일본인의 정신을 묶는 구심점 역할을 했다. 신흥 세력의 정치적 정당성 확보와 더불어 전 일본을 통합할 수 있는 정신적 지주였다.

한편 '조선 반도는 일본의 심장을 겨누는 단도'라고 규정했던 독일 장교 야콥 메르켈의 지론이 '유수록'의 저자 요시다 쇼인의 조선 정벌론과 맞물리면서 메이지 유신 파의 군국주의를 부추겼다. 메르켈 소령은 공격이 최상의 방어라 주장하며 공격적인 전술을 가르쳤다. 일본 본토가 '주권선'이면 조선 반도는 '이익선'이라고 보고, 열강으로부터 보호를 위해서 조선은 반드시 손에 넣어야 한다는 주장이 전개됐다. 이 단도가 약해져서 다른 패권국이 틀어쥐면 일본에 위협이 되므로 주변국을 물리쳐야 한다고 전쟁을 일으킨 것이다. 그러나 자국 보호를 명분으로 내세운 이 같은 논리는 유신 파의 일본형 패권주의에 불과했다.

1907년 대한제국 군대 해산 이후 의병 활동에 나섰던 안중근 의사는 나라가 침몰 일보 직전까지 밀린 1909년 3월, 노보키예프스키에서 11명의 동지와 독립 투쟁을 다짐하며 왼쪽 약지를 잘라내 '대한독립' 네 자를 혈서로 썼다. 이 단지동맹 열사들에게 머지않아 절호의 기회가 찾아왔다. 10월 26일 이토 히로부미가 러시아와의 협상을 위해 하얼빈을 방문한다는 소식이 전해진 것이다. 대한독립군 '대한의군(大韓義軍)' 안중근 참모 중장은 하얼빈역에서 이토를 처단했다. 안 의사는 뤼순 법정에서 자신의 의거에 대한 정당성을 조목조목 밝혔다. 내용을 살펴보면 대한제국의 친위대 대장이 했어도 손색없었을 사안들로 가득했다.

제목만 보면 1. 명성황후를 시해한 죄 2. 고종황제를 폐위시킨 죄 3. 5조약과 7조약을 강제로 맺은 죄 4. 무고한 대한국민을 학살한 죄 5. 정권을 강제로 빼앗은 죄 6. 철도, 광산, 산림 등을 강제로 빼앗은 죄 7. 제일은행권 지폐를 강제로 사용한 죄 8. 군대를 해산시킨 죄 9. 교육을 방해한 죄 10. 대한국민의 외국유학을 금지시킨 죄 11. 교과서를 압수하여 불태워버린 죄 12. 대한인이 일본인의 보호를 받고자 한다고 세계에 거짓말을 퍼뜨린 죄 13. 대한과 일본 사이에 경쟁이 쉬지 않고 살육이 끊이지 않는데 태평 무사한 것처럼 천황을 속인 죄 14. 동양 평화를 깨뜨린 죄 15. 일본 천황의 아버지 태황제를 죽인 죄 등이다.

재조명 받아야 할 안중근의 동양평화론

안중근 의사는 5개월의 옥중 생활 당시 '동양평화론'을 집필했다. 비록 미완으로 끝났지만 안의사의 구상은 천황을 내세운 선민의식에 바탕을 두고 민족주의 발흥을 지향했던 일본과 다르게 더불어 잘 사는 세상의 꿈을 담아냈다. 뤼순을 중립지대로 삼아 대한제국과 일본제국, 청 3국이 협의체를 만들어 공동 은행과 연합군을 조직하며 근대화에 앞섰던 일본의 지도를 받아 대한제국과 청도 경제개발에 함께 나서자는 제안이었다. 동양에서 가장 먼저 근대화의 길로 들어선 일본에게 식민지 침탈이 아닌 선도국 리더로서의 역할을 기대했던 것이다. 일본이 초창기 내건 '대동아공영론'과 같은 취지였다.

국제협력기구 출범 전에 이 같은 주장을 할 수 있었던 배경은, 안 의사가 약육강식의 국제사회 현실을 몸소 겪으며, 국가 간 평화적 공존 방식을 절박하게 희구했기 때문일 것이다. 또한 인간에 대한 존엄과 용서, 화해, 평화를 주요 덕목으로 삼는 기독교 신앙이 바탕이 됐다고 할 수 있다. 근대문물을 빠르게 흡수하고 옷을 갈아입었던 일본제국주의는 인류 보편의 가치를 함양하지 못했기 때문에 오래갈 수 없었다. 일본이 내세웠던 식민지 근대화론은 일방적인 주장이었을 뿐이다. 일본 근대화의 상징 이토를 처단한 안중근 의사의 삶을 통해 동양평화론이 재조명되면 좋겠다. 한반도를 넘어선 상생공영의 덕목이 전쟁과 기근으로 황폐해진 곳곳에 새로운 희망이 될 수 있기 때문이다.

안중근의 동양평화사상은 동북아 공동번영을 위한 현실적인 제안이었다. 근대화를 먼저 이룩한 일본이 서구 열강의 침탈로부터 아시아를 보호하는 길에 함께 가자는 것. 일본의 대동아공영론은 제국주의의 패권 추구로 끝나면서 빛을 잃었다. (사진: 안중근의사기념관)

(사진: 안중근의사기념관)

8 디아스포라 코리안 — 일본

2024년 8월 23일 일본 효고현 니시노미야 한신 고시엔구장에서 열린 일본 전국 고교야구대회에서 교토국제학교가 우승을 차지했다. 경기가 끝난 후 승리한 학교의 교가를 부르는 관례대로 선수들은 교가를 불렀고 이는 NHK를 통해 일본 전역에 생중계됐다. "동해 바다 건너서 야마도 땅은 거룩한 우리 조상 옛적 꿈자리"로 시작되는 교가였는데, 일본뿐만 아니라 국내에서도 큰 화제가 됐다. 왜일까? 유서 깊은 일본의 고교야구대회에서 이례적으로 한국계 학교가 우승을 차지한데다가 한글 교가에 나오는 '야마도 땅' 때문이었을 것이다. 이는 일본에 거주하는 디아스포라 코리안의 희노애락(喜怒哀樂)을 드러낸 순간이었다. 해방 후 귀국하지 못한 동포들의 일본살이는 고향 땅 생각만 해도 눈물이 절로 흐르게 했을 정도로 고단했을 것이기 때문이다.

교토국제고는 1947년 재일동포 단체가 민족 교육을 위해 세운 '교토조선중'을 이어받았다. 1958년 '학교법인 교토한국학원'으로 재편해 한국 정부 인가를 받았고, 1963년엔 고등학교를 개교했다. 2003년 '교토국제중·고교'로 교명을 바꾼 뒤에는 일본 정부로부터도 정식 학교로 인가받았다. 재학생은 현재 일본인이 65%인데, 야구단 구성도 동포 3명을 제외하고 모두 일본인이다. 물론 한일 결혼가정의 자녀들이 많다. 국제학교이지만 일본인 비율이 높은 학교에서 한민족 정체성을 뜻하는 가사에 불편한 심기를 드러낸 일본인도 많았다고 한다. 교토국제고가 승리할 때마다 울려 퍼진 교가는 8강에 진출하고 우승하기까지 점차 더 큰 세간의 주목을 받았다. '야마도 땅'이 언급될 때마다 일본인은 묘한 감정의 파동을 느꼈을 것이다.

'조선적'(朝鮮籍)

1965년 한·일 국교 수립 이후 일본에 거주하는 동포들의 삶의 형태는 대략 세 가지였다. 한국 국적을 택하고 외국인으로서 거주하거나, 일본으로 귀화하거나, 혹은 둘 다 아닌 경우이다. 일본 당국은 국적을 취득하지 않고 있는 이들을, 1947년 미군정 당시 편의상 만든 임시 국적인 '조선적(朝鮮籍)'으로 분류했다. 2023년 현재 재일동포 중 대한민국 국적자는 41만여 명이고 조선적은 2만 4천여 명이다. 조선적 수는 2012년 4만 617명에서 계속 줄어들었다. 이들은 해방 이후 분단된 조국이 통일되기 전에는 어느 한 편에 속할 수 없다는 입장이었다. 조선적 중심의 조선학교는 한·일수교 이후 북의 지원이 이어지는 가운데 재일조선인총연합회(조총련)와 밀접한 관계가 형성됐고, 점차 조총련 일꾼 배출을 위한 교육기관으로 굳어졌다.

조총련 산하 학교로 자리잡았지만 초창기 조선학교는 해방 직후 후세에게 조선말을 가르쳐야 한다는 동포들의 열망으로 시작됐다. 조국으로 돌아가든 일본에 남든 민족의 말을 후세에 남기는 일은 동포들의 한결같은 관심사였고 '국어강습소'로 시작된 조선학교는, 유엔군최고사령부(GHQ) 군정과 일본 정부에 의해 한때 폐쇄되었다가 1950년대 중반 이후 재개됐다. 북한은 1957년부터 교육지원에 나섰지만, 한국 정부는 지원 요청을 거절했다. 조선학교 학부모 가계의 대다수(97%)가 남한 출신인데, 한글 교육을 위해 시작된 학교였지만 이념과 남북관계에 따라 정체성이 뒤바뀐 점은 아이러니하다. 남쪽 고향을 그리워하면서도 조총련과의 연관성 때문에 고향 방문조차 쉽지 않은 상황이기 때문이다.

조선학교는 조선적 인구 감소와 함께 줄어들어 2018년 기준 64개교 7천여 명의 학생이 남았다. 저출산으로 인한 학생수 감소와 조총련의 정치적 위상, 남북관계와 한일관계 등 다양한 변수들이 작동하는 가운데 조선학교는 민족 교육의 기초인 한글과 문화 교육에 있어서 탁월한 성과를 내왔다. 3세, 4세로 내려갈수록 언어 교육이 쉽지 않은데 이중언어를 통한 학습 과정을 진행하기 때문이다. 일주일에 한두 번 한글을 배우고 문화를 체험하는 교육으로는 불가능하다. 조선학교 이야기를 다룬 영화 '우리학교'는 학생들의 일상생활을 잘 소개했다. 공동체 안에서의 인성교육이 이루어지는 점도 인상적이다. 조선학교는 일본 전역에 유치·초급·중급·고급학교가 있고 대학은 동경에 조선대학교가 있다.

남북관계 경색으로 막혀버린 조선학교와의 교류

뒤늦게나마 조선학교의 현실을 알게 된 한인들은 학교를 돕기 위해 다방면으로 노력해왔다. 학교에 찾아가 학생들과 생활하며 영화를 제작하거나, '몽당연필'과 같은 사단법인을 만들어 국내에 조선학교 현실을 알리며 조선학교와의 직접 교류에 나서기도 했다. 대북지원과 남북 민간교류 사업을 주로 하는 '남북어린이어깨동무'는 남과 북, 일본과 중국을 오가며 동포 자녀들의 미술 교류를 지원하기도 했다. 사단법인 뉴코리아는 동경 인근의 지바현에 있는 지바조선학교와 2010년부터 간접적으로 교류하며 전통문화 교육을 지원해왔다. 그러나 이러한 재일동포 지원은 남북관계 경색이 두드러진 2019년 이후 멈춰 섰다. 해묵은 이념 논쟁으로 민간차원의 오솔길 같은 교류협력마저 막힌 상황이라고 할 수 있다.

  도쿄국제학교의 쾌거는 남·북·일 동포 모두의 자긍심을 높일 만한 소식이었다. 너나 할 것 없이 일본 땅에서 민족의 얼을 지키고자 하는 노력을 알기 때문이다. 조선학교는 2013년 아베 정부가 학교 보조금을 지원하지 않으면서 더욱 심각한 재정난에 빠져 있다. 국적만 놓고 봐도 41만 대 2만 4천 명으로 기울어져 있는 재일동포 사회에 대한 새로운 성찰이 필요하다. 고사 직전에 놓였다고 할 수 있는 조선학교. 유엔 인권위원회, 아동권리위원회, 인종차별철폐위원회, 사회권규약위원회 등은 이미 일본 정부를 향해

조선학교에 대한 차별 조치를 철회하라고 권고한 바 있다. 43만 재일동포들이 한 목소리로 조선학교 차별금지를 주장하면 어떨까? 반일 민족감정을 고양하는 차원이 아니라 보편적인 인권 보호를 위해서 말이다.

재일 디아스포라 코리안이 '야마도(**大和**·야마토)' 땅을 향해 함께 민족의 기상을 세워나간다면 남과 북, 한민족 대 일본 관계에 새로운 길이 열릴 수도 있다. 동포사회가 남북 체제경쟁의 축소판이 아닌 남북 화합의 우회로가 되고, 일본과 해소되지 않은 과거사 문제에서도 동포사회로부터 새로운 계기가 창출된다면 불가능한 일도 아니다. 남북관계가 막혀 있는 오늘날 남북을 잇는 가교역할도 필요하다. 김정은 위원장의 모친 고영희도 재일동포 출신이다. 우리 민족 협력의 새로운 길이 재일 동포사회에서 열린다면, 북일수교도 신속하게 진행될 수 있다. 트럼프 대통령이 북한과의 관계를 정상화한다면 북일관계에도 영향이 클 것이다. 동포사회가 때를 놓치지 않고 역할할 수 있기를 기대한다.

2024년 11월 평화의숲 방문단 일원으로 교토를 방문했을 당시 우연하게도 숙소 앞에 프로야구 한신팀의 고시엔구장이 있었다. 2024년 동경국제고 우승 소식을 익히 알고 있던 터라 둘러보니 구장 구조물 벽면에 역대 우승 고교 이름이 새겨진 기념판이 있었다. 2024년 106회 우승팀 동경국제고 이름이 당당해 보여 엄지척!

동경국제고 우승이 화제가 됐던 이유는 무엇보다 승리할 때마다 한국어 교가가 울려 퍼져서였을 것이다. 한글 교육을 위해 세운 학교가 세월이 흘러 국제고로 바뀌었지만 교가는 그대로 남았기에 가능한 일이었다. 안타깝게도 해방 직후 재일동포들은 너나 할 것 없이 한글 교육에 힘썼지만 조국의 분단과 함께 동포사회도 나뉘게 됐다.

언어와 역사의 공유는 민족 정체성 유지에 매우 중요하다. 재일본대한민국민단(민단)과 재일본조선인총연합회(조총련)으로 나뉘어져 있는 동포사회는 남북관계에 따라 직접적인 영향을 받는다. 일본제국주의 폐해를 극복하고 민족 공영의 길로 나가는 길에서 일본에 거주하는 디아스포라 코리안의 역할을 새롭게 조명해보면 어떨까?

동경에서 1시간 떨어진 지바 현에 있는 조선학교 학생들. NGO를 통한 간접적인 교류가 가능하다.

민족교육에 열심인 조선학교는 일년에 한번씩 예능 발표회를 한다. 전교생이 민속음악이나 무용 등 평소에 익힌 기량을 펼치는 행사에 학부모와 지역 인사들이 총출동하는 가장 큰 축제이다.

9

디아스포라 코리안 — 고려인

1890년대부터 조선을 떠나 제정 러시아의 프리모르스키(연해주) 지역에 정착한 한인들은 불모지를 개척하며 농업에 있어서 러시아인들도 인정할 만한 성과를 올렸다. 구한말 일제의 침탈이 노골화되자 독립운동을 위한 이주민이 뒤따랐다. 농업뿐만 아니라 상업에 종사하며 부를 축적하는 한인도 생겨났다. 기근으로 인해 먹거리를 찾아서 이주하거나 일제의 만행을 규탄하며 독립운동을 위해 길을 나섰던 한인들은 특유의 근면 성실한 기질을 발휘하며 연해주에서 뿌리를 내리기 시작했다. 한인촌이 건설되는 곳에는 학교와 교회가 들어섰다. 그러나 열강의 힘이 맞부딪히는 국제질서의 소용돌이 속에서 안전한 거주는 보장되지 못했다.

1917년 볼셰비키 혁명 이후 스탈린이 집권하면서 1937년 7월 중일전쟁이 발발하자 소련 당국은 연해주 한인 17만 2천여 명을 강제로 이주시켰다. 일제는 1931년 만주사변 이후 만주국을 세우며 대륙을 향해 세력을 뻗쳤는데, 1905년 러일전쟁 패배의 경험 때문인지, 소련 당국은 일제 식민지에 속해 있는 한인이 일본인과 유사한 외모를 지녔고 또한 간첩 활동에 연계될 수 있다는 우려 때문인지 조급하게 강제 이주 결정을 내렸다. 삶의 터전을 하루아침에 떠나야 했던 많은 한인은 이주 과정에서 또한 낯선 혹한의 동토에서 질병과 아사, 동사 등으로 희생됐다. 일제 강점에 이은 또 다른 민족 비애가 아닐 수 없었다.

'또 다른 민족 비애' 고려인 강제 이주

1991년 소련 붕괴 이후 독립한 우즈베키스탄을 비롯, 중앙아시아의 '스탄' 국가들과 러시아 남부에 흩어져 사는 한인 후손을 일컬어 카레이스키(고려인)라고 불렀다. 이전까지는 강제 이주 정책이 알려지지 않았고 문제시되지도 못했다. 그러나 소련의 비밀 해제 문서가 알려지면서 고려인 강제 이주 문제도 조명되기 시작했다. 고려인은 대략 50만 명 가량으로 추정된다. 현재 우즈베키스탄에 19만 8천여 명, 러시아와 카자흐스탄에 10만 명 이상 거주하고 있다. 우리 정부는 2013년부터 고려인 동포 지원을 본격 법제화했다. 안산과 인천광역시, 광주광역시에 1만 명 이상의 고려인 마을이 형성되어 있다.

스탈린의 강제 이주 정책 이후 수십 년간 고려인은 한글을 사용하거나 한글을 교육하지 못했다. 연해주에서 쌓았던 기반을 송두리째 잃어버린 고려인들은 카자흐스탄, 키르키즈스탄, 타지키스탄, 투르크메니스탄, 우즈베키스탄 등으로 흩어져 다시금 생존을 위한 투쟁에 내몰렸다. 이는 고려인 3, 4세가 모국어나 문화를 잇지 못한 배경이기도 하다. 1991년 구소련 해체 이후 독립한 중앙아시아 국가 속에서 고려인은 새로운 위기에 처하게 된다. 소련 사회주의 국가에 속했다가 독립하면서 겪게 되는 경제적 어려움은 물론 이슬람문화의 부활과 러시아어 외에 각국의 고유 언어 사용이 새로운 난제가 된 것이다.

우즈베키스탄은 스탄 국가 중에서 인구 최다국으로 3,200만에 이른다. 아무르 티무르 제국의 수도였던 사마르칸트와 이슬람 세계의 중심지였던 부하라, 히바 등 고대 도시를 품고 있다. 수도 타슈켄트와 함께 실크로드의 주요 도시들도 포함하고 있다. 타슈켄트는 모스크바, 상트페테르부르크, 키예프, 민스크와 함께 구소련의 5대 도시였다. 1966년 대지진을 겪은 후 도시 전체를 재건하여 사회주의국가로서의 위용을 선전하기도 했다. 타슈켄트는 이후 중앙아시아에서 주요 거점 도시 역할을 해오고 있다. 우즈베키스탄은 독립 이후 우즈베키스탄어를 공용화하고 꾸준하게 민족문화를 복원하고 있다.

중앙아시아 한류의 거점 우즈베키스탄

우리나라에는 취업이나 유학차 들어 온 우즈베키스탄 출신 고려인이 많다. 2023년 현재 4만 3,320명으로 중국, 미국에 이어 세 번째 많은 수이다. 인구 수 3천 8백만에 1인당 GDP가 4,400달러로 급증하고 있는 우즈베키스탄은 중앙아시아의 중심 국가이다. 타슈켄트 1 세종학당에서는 한 학기 450명의 학생이 교육받고 있다. 우즈베키스탄에는 8개의 세종학당과 교육부 소속 '타슈켄트한국교육원'이 있는데, 이들 교육기관에는 고려인 이외에도 한국 유학을 꿈꾸는 우즈베키스탄인이 몰리면서 문전성시를 이루고 있다. 최근에는 KT가 타슈켄트에 데이터 센터를 건립했고, 면화 수입 등 무역업 종사자들이 거주하고 있어 현지

한인의 영향력이 증가하고 있다.

조선과 구한말 기근과 일제의 폭거를 피해 연해주행을 택한 고려인. 그러나 척박한 땅을 일구며 자리를 잡자마자 소련 당국에 의해 중앙아시아 더 깊숙한 곳까지 내몰리게 된 고려인. 세월이 흘러 중앙아시아 각국으로부터 이들의 후손이 취업과 학업을 위해 한글을 배우고 한국행을 택하고 있다. 때마침 치솟은 'K-붐' 영향으로 한국 문화와 역사에 관한 관심이 커지고 있다. 경제발전이 밑받침됐기에 가능했지만, 산업화에 이은 민주화 과정도 귀감이 될만했다. 한국에 들어온 고려인들이 한국 사회가 앞서 경험한 경제발전의 명암을 학습하고 돌아간다면, 중앙아시아와 러시아 사회 발전에도 선한 영향력을 끼칠 수 있지 않을까. 우리사회가 국내 거주 외국인 노동자들을 지극정성으로 환대해야 가능하다.

한국식 산업화와 함께 인권과 민주주의 성숙과 평화를 사랑하는 문화가 전해진다면, 우리나라는 세계 속의 매력적인 국가로서 더욱더 많은 사람을 불러 모으게 될 것이다. 국권 상실과 함께 식민지로 전락한 지 110년이 넘고, 민족상잔의 전쟁이 승패 없이 멈춰선 지도 70년이 넘었다. 냉전에서 탈냉전으로, 탈냉전에서 또 다른 패권 경쟁으로 국제사회는 변화를 거듭하고 있다. 힘에 쫓겨 힘없이 흩어졌던 고려인 역사를 돌아보면, 남과 북뿐만 아니라 모든 민족이 평화롭게 공생할 수 있는 길을 찾아 제시하는 임무가 코리안에게 있는지 모른다. 아픈 역사를 딛고 일어나 주변을 보듬는 치유의 힘이 거친 역사 속에서 쌓였기 때문이다. 디아스포라 코리안 고려인과의 협력을 통해 유라시아로 향하는 길이 다져지면 좋겠다.

사단법인 뉴코리아는 중국 훈춘과 인접해 있는 크라스키노에서 고려인들과 함께 한러문화교류센터를 운영하고 있다. 실내에는 독립운동에 헌신했던 인물들이 소개되어 있다.

북에서 러시아로 오는 두 번째 철도역인 크라스키노의 마하닐로역 인근 유니베라 농장 옆에 안중근 의사를 비롯한 11인의 단지동맹을 기념하는 비석과 기념석이 놓여 있다. 2011년부터 유니베라가 관리하고 있다.(2023.11)

센터 옆에 있는 마하닐로역. 북한에서 러시아로 들어오는 두번째 역이다. 2025년 6월 현재 역 근처에는 시멘트 공장 건설이 한창이다. 푸틴 대통령의 극동 개발 의지를 엿볼 수 있다.

한러문화교류센터에서는 현지인들과 함께 종종 한국음식을 만든다. 김밥과 떡볶이, 김치 등이 인기 메뉴이다. 지역주민과 소통할 수 있는 고려인은 공공외교에 있어서 좋은 재원이다. 마을 잔치가 있으면 음식을 만들어서 나누기도 한다.

센터에서는 마을 어린이들을 초대하여 영어와 한글을 가르쳐 주고 부활절, 크리스마스 같은 날에는 선물을 주며 파티도 한다.

우즈베키스탄 타쉬켄트에 있는 세종학당. 한국음식 체험 교실이 인기다.

10
디아스포라 코리안 — 미국

우리 동포의 미국 이민은 1903년 하와이를 시작으로 꾸준하게 이어졌다. 2023년 기준 전 세계 한인 동포 708만 명 중 37%에 해당하는 260만 명이 미국에 거주하고 있다. 2005년 미국 연방정부는 첫 이민이 시작된 1월 13일을 '미주한인의 날'로 정했다. 구한말에서 일제강점기에 이르는 초창기 이민은 하와이 파인애플농장이나 사탕수수농장 등에서 일하거나 독립운동을 하기 위해 시작됐다. 해방과 한국전쟁 이후에는 국제결혼과 입양, 유학 등 다양한 목적으로 이주가 이어졌고, 1965년 미국 이민법 개정으로 가족 초청이 가능해지자 1970년대부터는 미국 이민이 양적으로 크게 증가했다. 1960, 70년대에 파독 간호사나 광부로 나갔다가 미국으로 넘어가기도 했다.

1세대 이민자들은 주로 세탁업과 청과업, 식당업 등에 종사했고, 의사와 간호사, 유학생 등 전문인력들도 이민대열에 합류했다. 이민 1세대가 물적 토대 구축에 여념이 없었다면 2세와 3세로 이어지면서 다양한 직업에 종사하는 한인들이 생겨났고 주요 도시를 중심으로 한인협의회가 만들어졌다. '미주한인의 날' 제정은 120년 넘게 발전해온 한인 사회 역량을 인정받은 결과라고 할 수 있다. 최근에는 LA, 시애틀, 달라스, 시카고, 애틀란타, 메릴랜드, 버지니아 등 주요 지역에서 한인 유권자 조직이 형성되고 있다. 260만 한인의 권익을 도모하는 한편, 남북의 적대 관계 청산과 한반도 평화를 추구하는 운동이 본격화하고 있다. 다음 세대 동포 중 정치 리더를 발굴, 지지하는 플랫폼으로 발전하길 기대한다.

한반도 평화를 위한 매니페스토
미주민주참여포럼(KAPAC)

디아스포라 한인에게 가장 큰 안타까움은 분단된 조국의 현실일 것이다. 세계의 화약고라 불려왔던 한반도에서 다시 전쟁이 일어난다면 일가친척의 안녕이 가장 큰 염려가 되기 때문이다. 민족상잔의 전쟁을 치르고, 냉전 시대 혹독한 이념 대결을 경험한 한인들은 남북관계가 적대와 대결이 아닌 평화와 상생으로 발전하길 누구보다 간절하게 고대하고 있다. 2017년 출범한 '미주민주참여포럼'(KAPAC)은 본격적인 한인 유권자 조직으로서 한인들의 정치 역량을 강화하고 한반도 평화를 위한 매니페스토를 전개하고 있다. 2025년 미 하원에서 세 번째 발의한 한반도평화법안(HR1891)을 지역에서 알리고 의원들이 지지하도록 하는 유권자 운동이 KAPAC 회원들에 의해 확산되는 것이다.

이스라엘의 '미국이스라엘공공문제위원회'(AIPAC)를 벤치마킹한 KAPAC은 민주당 소속 브래드 셔먼 하원의원이 2021년 처음 발의했던 한반도평화법안의 채택과 실현을 위해 힘쓰고 있다. 미국 거주 유대인들이 이스라엘의 국익을 위해 단결하듯이 한인 동포들이 조국을 위해 미국 정치권에 영향력을 행사하며 앞장선다는 취지이다. LA를 비롯 7개 주에 지역 대표부를 두고 있는 KAPAC은 2022년부터 워싱턴DC에서 한반도평화콘퍼런스를 개최해오고 있다. 전 미주에서 300여 명 이상의 한인이 모이는 행사에는 브래드 셔먼 의원과 주디 추 의원(아시아·태평양 코커스 회장), 그레고리 믹스 전 외교위원장, 앤디 김 상원의원, 메를린 스트릭랜드 의원 등 한국계 의원을 포함 10명 이상의 비중 있는 의원들이 참여하여 한반도 평화 이슈에 관한 관심과 지지를 피력해 왔다.

미국 의회를 상대로 한 KAPAC의 한반도평화법안 운동

한반도평화법안은 2021년 117회기에서 HR3446으로 발의되어 46명의 의원 사인을 받았으나 통과되지 못했고, 2023년 118회기 들어서서 HR1369로 다시금 발의됐다. 내용은 미북 이산가족의 인도적 북한 방문을 허락할 것, 한국전쟁을 공식 종료하기 위해 대화와 외교적인 노력을 기울일 것, 평양과 워싱턴 DC에 연락사무소를 설치할 것 등으로 HR3446과 동일하다. 다만 HR1369에는 평화협정 체결 후 주한미군 유지도 명시했는데, 주한미군 철수 우려를 불식하기 위함이었다. 법안은 공화당 의원 4명을 포함 53명의 의원이 사인했지만, 하원 통과는 실패했다. 2025년 2월 26일 브래드 셔먼 의원은 공화당 의원 4명을 포함 32명의 의원과 함께 세 번째로 한반도평화법안을 발의했다.

한반도평화법안은 미북 이산가족의 인도적 문

한반도평화법안은 미북 이산가족의 인도적 문제와 한반도 분단구조 개혁이라는 국제정치 이슈가 맞물린 법안이다. 국제전으로 확전된 후 성과 없이 멈춰선 한국전쟁. 민족상잔의 아픔을 스스로 추스르지 못한 남과 북은 이념의 시대가 한참 지난 오늘날에도 여전히 적대와 증오를 떨쳐버리지 못하고 있다. 우크라이나 전쟁과 팔레스타인 전쟁은 적대 관계가 낳는 참혹한 결과를 보여준다. 싸우지 않는 관계를 만드는 게 최선이다. 디아스포라 미주 동포의 KAPAC 사례는 미국을 움직이는 힘의 기초를 보여준다. 미 하원을 상대로 한반도 이슈를 상기시키는 한편 여론을 불러일으키고, 미 행정부가 정책을 짜도록 압박할 수 있다. 국민주권 민주주의의 실현이다. 이 같은 유권자 운동을 과거에는 생각도 못했다. 트럼프 정부가 어떻게 조응할지 알 수 없지만, 미국 국익과 상통함을 지속해서 설득해야 한다.

    국제정치의 복잡한 이해관계 속에서 한반도 평화의 완성은 결코 쉽지 않다. 무엇보다 북한의 독특한 행태를 이해할 수 있어야 한다. 국제 정세는 빠르게 변화하고 있다. 트럼프 정부는 러시아, 북한과 관계를 정상화하며 이해타산을 챙길 것이다. 우리는 때를 놓치지 않고 새로운 길에 편승해야 한다. 과거 노태우 정부가 추진했던 북방정책과 같은 '신북방정책'을 실현해도 좋다. 지난날 러시아, 중국과 수교하고 경제협력에 나섰던 경험을 십분 활용할 수 있기 때문이다. 북한과의 금강산 관광과 개성공단 경협도 연계하며 되살릴 수 있다. '싸우지 않고 이기는 법'은 동서고금 최고의 안보 전략이다. 우리의 자유민주주의 모태였던 미국에서 한인 동포들의 활약이 국제 평화를 향해 더욱 발전하길 기대한다.

KAPAC이 워싱턴DC 메리어트 호텔에서 코리아 피스 컨퍼런스를 개최했다. 하원 외교위원장을 역임한 민주당 브래드 셔먼 의원을 비롯 많은 의원들이 참석했고 전미에서 300여명의 동포들이 참가했다.(20022.11)

LA 출신 브래드 셔먼 의원은 KAPAC과 교류를 통해 한반도 상황에 대해 더욱 분명한 인식을 하게 됐다. 하원에서 HR3446, HR1369, HR1842를 대표발의했고 2024년 12월 3일 한국에서 계엄이 선포되자 즉각 한미동맹의 근원은 민주주의라며 한국 민주주의를 지지한다고 발표했다.

브래드 셔먼 의원이 국회의사당 기자회견 장소 트라이앵글에서 코리아 피스 콘퍼런스와 관련 발언을 하고 있다.(2022.11)

(위) 기자회견 후엔 미주동포들이 각 지역 하원의원들을 찾아가 한반도평화
법안인 HR3446에 동참할 것을 호소했다.(2022.11)
(아래) 행사 후 브래드 셔먼 의원과 한 컷.(2022.11)

11
콘스탄티노플에서 이스탄불로
— 유럽과 아시아의 관문

튀르키예의 이스탄불은 비잔틴제국과 오스만제국의 역사를 간직한 고도(古都)이다. 이스탄불은 지리적으로 유럽과 아시아의 관문이면서 두 제국의 문화를 천 년 넘게 간직했다. 이스탄불의 옛 이름 콘스탄티노플은 콘스탄티누스 황제가 324년 수도로 정한 뒤 1453년 오스만제국에 의해 정복될 때까지 비잔틴(동로마)제국의 중심이었다. 5세기에 구축한 테오도시우스 성벽이 천혜의 요새로서 외침을 막았다면, 동서 교역의 요충지로서 입지는 상업을 번창케 했다. 수도 콘스탄티노플에는 그리스인들이 주로 거주했지만 비잔틴제국 전체에는 이탈리아인, 슬라브인, 페르시아인, 시리아인, 아르메니아인들이 섞여 살면서 로마 문화권 속 다문화가 형성됐다. 콘스탄티노플 함락 전후로 중세와 근대가 구분되기도 한다.

종교와 문명의 중심지 콘스탄티노플

중세 시대 기독교 문명과 이슬람 문명의 대결은 종교 전쟁을 불사했다. 이슬람 세력으로부터 예루살렘 성지를 회복한다는 목적과 명분으로 1095년부터 1291년까지 200년 가까이 8차례 벌어진 십자군 전쟁은 숱한 오점을 남기고 끝났다. 전쟁 이후 이슬람 세력은 오스만제국 출현과 함께 번창했고, 로마제국, 페르시아제국에 견줄 정도로 영향력이 막강해졌다. 오스만의 뿌리는 멀리 돌궐까지 올라간다. 몽골제국 등장 이전 동북아시아 북부와 중앙아시아에 걸쳐 최대 유목제국을 형성했던 돌궐제국. 튀르크의 한자어 음차인 돌궐은 552년에서 745년까지 두 차례 제국 통치기를 거쳤다. 그렇지만 당나라와의 패권 경쟁에서 패한 뒤 서쪽으로 흩어져 지금의 '스탄 국'과 튀르키예 민족 형성에 영향을 미쳤다.

사마르칸트, 부하라 등지에서 용병으로 활약했던 셀주크 손자 토그릴은 형제 차으르와 함께 1037년 스스로 '호라산의 술탄'이라 칭하며 독립 왕조를 세웠다. 토그릴은 1055년 이란, 이라크는 물론 예루살렘과 팔레스타인 등지를 점령하면서 셀주크 튀르크 제국을 건설했다. 1071년에는 만지게르트 전투에서 동로마를 상대로 승리했다. 그러나 십자군 전쟁이 장기화하고 동쪽에서 몽골이 습격해오자 멸망하고 만다. 뒤이어 오스만1세가 1299년 빌레지크, 야르히사르, 이네괼 등 동로마 주요 도시를 정복하면서 오스만제국의 출발을 알렸다. 1326년 오스만1세의 아들 오르한은 부르사를 정복하고 그곳을 수도로 삼았다. 1361년 즉위한 무라토1세는 1387년에 '술탄' 칭호를 받고 최정예부대인 예니체리를 창설했다.

바예지드1세는 1396년 헝가리 왕이 지휘하는 유럽 연합군과 불가리아의 니코폴리스에서 싸워 승리했다. 이는 발칸반도에서 오스만제국의 패권을 견고하게 한 결정적인 전투로 중세 말기 서구 기독교 세력과의 대전투였다. 콘스탄티노플 정복도 코앞으로 다가온 듯했다. 그러나 지연될 수밖에 없는 사건이 발생했다. 다시금 몽골제국의 부활을 꿈꾸는 티무르가 아나톨리아를 지배한 일한국의 후계자임을 자처하며 진격해왔던 것이다. 이를 막기 위해 앙카라 인근 평원에서 전투가 벌어졌는데 거기서 바예지드1세가 생포되고 만다. 이후 11년간 바예지드1세 아들들 사이에서 후계 싸움이 이어졌고, 메흐메드1세가 술탄이 됐다. 그의 아들 무라드2세는 티무르 침략 이전 상태로 영토를 회복했다.

근대가 시작된 도시 콘스탄티노플

이후 메흐메드2세 때인 1453년에 무려 23차례의 공격을 버텨냈었던 콘스탄티노플을 함락시켰다. 공성전(攻城戰)을 위해 헝가리 출신 우르반이 개발한 8미터 대포가 투입됐지만 작전은 실패했다. 대포가 너무 커서 연 발사가 어려웠고 성곽을 곧바로 보수할 수 있는 시간을 허용했기 때문이다. 메흐메드2세는 작전을 바꿔 육지로 배를 옮기는 기지를 발휘했고 골든혼과 마르마라, 보스포루스 바다로 둘러싸인 난공불락의 성을 정벌했다. 이후 콘스탄티노플은 오스만제국의 주도가 되면서 이스탄불로 개칭됐다. 발칸반도와 아나톨리아를 중심으로 남동유럽과 북아프리카, 서아시아로 뻗어나갔던 오스만제국은 수니파 이슬람의 수호국으로서 유럽에 가장 큰 위협이었다. 콘스탄티노플 함락으로 중세 시대가 마감하고 근대 시대가 시작됐다.

술레이만1세는 제국 확장의 꿈을 펼치면서 세르비아의 수도 벨그라드와 로도스섬을 점령, 지중해 해상권을 장악했다. 발칸반도 지배권을 놓고 다투었던 헝가리와는 모하치 전투에서 압승을 거두었다. 술레이만1세는 영토에 있어서나 영향력에 있어서 오스만제국의 정점을 찍었다고 할 수 있다. 오스만제국의 팽창은 대항로 시대를 열었고, 비잔틴제국의 멸망으로 많은 학자와 예술가가 유럽으로 이주해 르네상스를 꽃피웠다. 두 이질적인 문명의 충돌이 새로운 역사를 열었다고 할 수 있다. 비엔나를 공략하기 위해 고사 작전을 벌였던 오스만 군대가 작전을 포기하고 철수하면서 버리고 간 커피는 유럽에 널리 퍼졌다. 커피뿐만 아니라 후추와 향신료, 실크, 종이 등 실크로드를 통해 들어 온 각종 물품 역시 유럽에 전파됐다.

　　서구 중심의 세계사는 그리스와 로마 시대 이후 중세와 르네상스, 그리고 산업화가 본격화된 근대와 현대로 서술된다. 서구에서 반달족, 훈족, 몽골족 등이 야만인으로 서술되는 배경에는 로마제국 이외의 문명을 낮춰보는 인식이 있기 때문인데 우리도 그대로 답습해온 경향이 있었다. 그러다 보니 유럽에서 미국으로, 미국에서 아시아로 연결되는 스토리텔링 속에는 우리와 중앙아시아와의 관계 서사가 제대로 드러나 있지 않다. 중국 너머 비잔틴제국과 우리의 교류는 없었을까? 오스만제국과의 관계는 어땠을까? 두 제국이 축적한 동서양 문화의 융합 속에 '문명의 충돌'에서 비롯된 불씨를 잠재울 단서는 없을까? 등등의 질문이 떠오른다. 콘스탄티노플로 불렸던 이스탄불이 새롭게 다가오는 이유이다.

블루 모스크란 애칭이 있는 술탄 아흐메드 사원 앞에서.(2024.08)

사원 내부에서 여성은 머리카락을 내보여서는 안되는 이슬람 규율에 따라 히잡을 써야 한다. 관광객도 예외가 없다.(2024.08)

동로마 제국 당시 537년 완공한 아야 소피아 대성당. 1616년 완공된 블루 모스크 보다 1079년 앞서 세워졌다. 튀르키예 공화국 실립 후 박물관으로 운영되다가 2020년 이슬람사원으로 복구되었다.(2024.08)

동로마 제국의 건축과 토목기술이 집대성된 바실리카 시스턴. 황실에 공급할 물을 저장하기 위해 지어졌는데 저수조로서 최대규모라 한다.(2024.08)

아야 소피아 사원과 블루 모스크 옆에는 동로마 제국 당시의 오벨리스크가 있는 광장이 그대로 있다. (2024.08)

12

울란바토르와 칭기스칸

몽골의 수도 울란바토르(Ulaanbaatar)는 350만 몽골 인구 중 160만 명이 모여 사는 정치, 경제, 사회, 문화의 중심도시이다. 제정러시아 백군을 격퇴한 인민군 원수 허를러깅 처이발상은 '몽골의 스탈린'이라고 불렸는데, 1924년 소련에 이어 두 번째로 사회주의 몽골인민공화국을 수립했다. 1923년 사망한 민족주의자이자 처이발상의 동료였던 담딘 수흐바타르를 기리는 뜻에서, 이전의 수도 이름 후레(울타리)를 '붉은 영웅' 러시아어 음차 울란바토르로 개칭했다. 수흐바타르는 1919년부터 들어와 있던 중화민국군을 몰아내고 1921년 복드 칸을 복위시켰다. 그러나 1924년 복드 칸이 병사하자 군주제는 폐지되고 인민공화국으로 전환됐다.

해발 1,350미터에 위치한 울란바토르는 위도상으로 빈, 뮌헨, 시애틀과 같고 경도상으로는 충칭, 하노이, 자카르타와 유사하다. 시베리아 기단의 영향으로 겨울은 춥고 건조한데, 최한기 평균 기온이 영하 21도로 세계에서 가장 추운 수도이다. 몽골은 유목국가로서 말, 소, 양, 염소, 낙타를 대표적 5축으로 꼽는다. 캐시미어 산양 털은 전 세계 생산의 48%에 달하는데, 원모의 80%를 수출한다. 한반도의 7.4배 정도에 달하는 국토에 구리, 석탄, 철광석, 희토류 등 80여 종의 광물을 보유한 몽골은 세계 10위의 자원 부국이다. 인접국인 중국, 러시아와의 광물 교역이 주를 이루고 일본, 호주에 이어 우리나라도 교역에 참여하고 있다.

로마제국의 영토보다 넓은 지역을 차지했던 몽골제국은 기마부대를 앞세워 아시아 동쪽 끝 한반도에서 유럽까지 단숨에 제패했었다. 천호제(千戶制)를 바탕으로 그 밑에 다시 백호와 십호가 있는 조직력은 정복 전쟁 승리의 기본 요소였다. 약탈경제에 기반한 유목국가로서 초창기부터 일정한 규범을 정하고, 부족 모두에게 혜택이 가도록 관리 통제했던 리더십은 칭기스칸의 업적이었다. 몽골에 복속하는 나라는 '국왕 친조, 질자 파견, 호적 제출, 역참 설치, 병력 파견, 물자 공출, 다루가치(파견관) 주재'등의 의무를 다해야 했지만, 고유한 종교와 문화는 유지하도록 했다. 물론 거부하면 '싹쓸이' 몰살 정복전을 피할 수 없었다.

종교의 배타성 대신
다양성을 수용한 칭기스칸

몽골제국은 1276년 쿠빌라이칸 당시 남송을 함락시키면서 최대 판도를 이루었다. 몽골제국이 유럽과 아시아 전역에 공물 전송과 통신을 위한 역참(驛站)제도-공무를 위해 제공되는 마굿간과 여관-가 정착됐다. 역참 교역로가 생겨나면서 동·서 대륙 간 교류가 활발해졌다. 마르코 폴로의 원나라 여행담이 전해지면서 '대항해 시대'가 열리기도 했다. 몽골제국 안에서 불교와 힌두교, 유대교와 기독교, 이슬람교 등 거의 모든 종파가 공존한 점은 특이하다. 칭기스칸은 세계적으로 종교 황금기에 등장했는데, 종교의 배타성에서 비롯된 전쟁이 인류를 불행에 빠뜨리는 현실을 목도한 후, 종교 다양성을 수용하고 관용 정책을 펼쳤다.

칭기스칸의 종교 관용성이 18세기 미합중국 건

국의 아버지 토머스 제퍼슨에게 영향을 주었다는 주장이 있다. 1691년 프랑스어로 된 칭기스칸의 전기소설 〈징기스: 타타르의 역사〉가 영어로 번역되어 전달됐다는 것이다. 몽골법에 "종교를 이유로 어떤 사람을 방해하거나 괴롭혀서는 안된다"는 조항이 있는데, 제퍼슨의 법률에도 "어떤 사람도...종교적 의견이나 신념 때문에 고통을 받아서는 안된다"는 조항이 있다. 몽골법의 영향력은 더 따져봐야겠지만, 근대로 접어들면서 종교적 명분을 건 전쟁은 정당성을 잃게 됐다. 유럽과 중동의 역사를 돌이켜 볼 때 세속의 권력투쟁 속에서 종교적 명분은 타락하기 십상이다.

종교의 도덕적 가치를 앞세웠던 정치 지도자

칭기스칸은 정복한 나라의 종교 지도자들을 놓고 그들의 행동이 자신들의 가르침과 일치하는지 판단하고 책임을 물었다고 한다. 자신을 타락한 종교 지도자를 향한 '신의 채찍'으로 여기기도 했는데, 이는 칭기스칸이 모든 종교에 있어서 도덕적인 가치를 중시했기 때문이다. 복속(服屬)국에는 공포의 대상이었지만, 태생부터 성장 과정에 겪었던 친족 내 사투와 수많은 전장(戰場) 경험은 칭기스칸으로 하여금 세속을 초월한 종교적 가치를 추구하도록 했다. 실제로 칭기스칸은 중국인과 무슬림 학자, 중국 오지의 수도자나 기독교 신부, 점성술사 등 현인들과의 종교적 대화를 즐겨 했다고 한다.

  2022년 10월 울란바토르에서 국제박물관 규모의 칭기스칸박물관이 개관했다. 박물관에는 최초의 유목국가를 창설한 흉노족 역사를 비롯해 37명의 몽골 칸 관련 전시품이 진열돼 있다. 1992년 새 헌법에 따라 몽골인민공화국에서 몽골공화국으로 바뀐 이후부터 칭기스칸은 새롭게 조명되어 왔다. 누가 뭐래도 칭기스칸은 몽골 자부심의 원천이기 때문이다. 13~14세기 아시아와 유럽을 호령했던 제국의 역사 속에서 칭기스칸이 추구했던 종교 관용성은 오늘날에도 주목해볼 필요가 있다. 몽골군을 앞세웠던 '팍스몽골리아'보다, 종교 불문 관용 정신을 품은 '피스몽골리아'의 가치가 절실하기 때문이다.

평화의숲 숲가꾸기현장 방문 프로그램에 참여하기 위해 몽골을 방문했다. 고르히-테렐지 국립공원 거북바위 앞에서 한컷.(2024.05)

이른 아침 가축 떼를 몰고 있는 목동. 몽골의 5대 가축은, 말, 소, 양, 염소, 낙타 이다.(2024.05)

2022년 국제 박물관 등급으로 신축된 칭기스칸 박물관. 정문 앞에서는 결혼식 사진촬영이 한창이었다.(2024.08)

15개 전시관을 갖춘 9층 건물에 걸려 있는 대형 칭기스칸 초상화 앞에서 한 컷.
(2024.08)

국회의사당과 정부청사, 대통령 집무실이 모여 있는 국가궁 앞 수호바타르 광장. 몽골 민족주의와 인민공화국이 교차하는 역사를 대변한다. 건물 중앙에 칭기스칸 동상이 자리잡고 있다. 전통 복장을 입고 기념 촬영하는 몽골인들.(2024.08)

13
우즈베키스탄, 실크로드를 품은 나라

13세기 칭기스칸이 펼쳤던 광활한 몽골제국 이후 새롭게 등장한 티무르 제국은 유목제국으로서 영토뿐만 아니라 전 세계에 걸쳐 교역은 물론 예술과 학문, 군사와 건축, 과학기술 발전에 지대한 영향을 미쳤다. 우즈베키스탄의 수도 타슈켄트에서 고속철로 2시간 좀 넘게 달리면 도착하는 사마르칸트는 14세기 중앙아시아 건축의 정수를 보여주는 티무르 제국의 수도였다. 몽골제국의 전통을 잇고자 한 아미르 티무르는 일생의 정복 전쟁을 통해 아시아와 유럽 각지에서 건축기술사와 학자, 문인 등을 사마르칸트에 데려왔고 당대의 최대 국제도시로 키웠다. 레기스탄 광장은 제국의 정책이 발표되고 학문 탐구가 이루어지는 중심이었다.

칭기스칸의 직계혈족이 아니어서 '칸' 호칭을 사용하지 못한 티무르는 지도자를 뜻하는 '아무르'로 불렸다. 몽골제국은 칭기스칸 사후 킵차크칸국, 일칸국, 차가타이칸국, 그리고 원나라로 나뉘었다. 차가타이 칸국에 속한 우즈베키스탄 인근에서 출생한 티무르는 몽골제국을 계승하여 정치 입지를 다지고자 하면서도 튀르크인 정체성을 표방했다. 튀르크어와 페르시아어에 능했다고도 한다. 아무르 티무르는 조지아 전투에서 아랍국들의 연합 대응을 경험한 후에 이슬람교를 받아들였고, 몽골제국 이후 두 번째 유목제국 지도자로서의 면모를 보여줬다. 무엇보다 타문화에 관한 호기심과 수용성을 바탕으로 실용주의적 접근을 펼쳤다.

다양한 문화의 공존장 중앙아시아 대륙

중앙아시아 대륙에서는 흉노와 돌궐, 몽골 등장으로 농경문화와 유목문화가 맞부딪히며 상호작용해온 역사가 이어졌다. 농경문화는 정주민(定住民)에 의해 싹트고 발현됐다. 유목제국의 등장으로 동서 교역이 번창하게 됐는데 이는 인류 문화 전반에 지대한 영향을 미쳤다. 페르시아의 세밀화와 타일, 그리고

문학이 티무르 제국에 흘러들어왔다. 후추, 면화, 인삼, 견사(絹絲)의 교역로를 따라 부하라, 히바 등 거점 도시들이 구축됐다. 견사를 물들여 기하학 문양을 넣어 짠 양탄자는 북유럽이나 일본에까지 건너갔다. 이슬람과 유목문화가 혼합된 사마르칸트 레기스탄 광장의 모스크와 마드라사는 융합 문화의 결정체라 할 수 있다.

정복왕 티무르의 군사전략은 칭기스칸의 전략과 유사했다. 기병을 활용한 속도전, 적에게 공포심을 심어주는 심리전, 적에 관한 정보를 취합하는 정보전은 현재에도 활용하는 군사 전술이다. 또한 정복 전쟁의 성과인 전리품을 공정하게 분배하여 군대의 사기를 진작시켰고, 화약 병기나 궁병(弓兵), 코끼리 부대와 기마병 등을 활용하는 전술도 구사했다. 티무르 제국은 100년 남짓 이어졌다. 손자인 울루그베그 때 꽃피운 천문학은 '울루그베그 천문표'로 집적되었는데 18세기까지 독보적이었다고 한다. 천체를 관찰하던 천문대는 사마르칸트에 남아 있다. 당시의 천문학이 세종 시기 집현전 학자들에게 영향을 미쳤다는 주장도 있다.

유목 제국의 역사에서 찾는
동서양 화합의 실마리

1370년부터 1507년까지 세계 최강국으로 위세를 떨쳤던 티무르 제국의 수도 사마르칸트는 중앙아시아의 중심이면서 실크로드의 핵심 도시였다. 동쪽의 명나라와 서쪽의 이란, 아나톨리아, 남쪽의 인도와 북쪽의 조지아 등 사방으로 교역이 이루어지면서 자연스럽게 문화도 오갔다. 유럽의 르네상스가 발흥하고 대항해시대가 열린 데에는 유목 국가들의 서진(西進)이 영향을 미쳤다. 오스만 제국이 비잔틴 제국을 정복했고, 그 오스만 제국을 티무르 제국이 무너뜨렸다. 강력한 기마전술을 발휘하는 유목제국을 피해 인도를 찾아 해양 길을 개척하면서 대항해시대가 본격화했다. 역으로 실크로드를 통한 육상 무역은 점차 옛 영화를 잃고 말았다.

칭기스칸은 몽골제국을 구축하며 무자비한 정복자로서 악명을 떨쳤지만 종교의 자유를 보장한 면에서는 유럽과 미합중국에 영향을 미쳤다. 종교 전쟁을 일삼았던 과거 유럽의 역사나 오늘날 이스라엘-아랍국가 분쟁과 비교되는 지점이다. 아무르 티무르 역시 약탈과 파괴로 악명을 떨쳤지만, 정복지에서 공예 기술자와 장인들을 데려와 기념비적 건축물들을 남겼다. 또한 학자와 문인을 우대하여 천문학과 대수학, 연산학과 구전문학 등이 발전했고, 이는 교역로를 통해 다시 유럽과 동아시로 전파됐다. 몽골제국과 티무르제국은 기독교 문화를 바탕으로 한 로마제국과 영국, 스페인 제국에 비해 타문화에 대한 관용성을 보인 점이 특징이다.

계절의 변화가 자연의 현상이듯, 제국의 흥망성쇠는 역사 속에서 자연스럽다. 유럽과 중국에서 '야만인' 혹은 '오랑캐'로 취급받았던 유목제국의 문화 속에, 인류애를 고양할 수 있는 열쇠가 숨어 있을지 모른다. 동과 서의 광활한 대륙을 지배했던 유목제국의 역사 속에서 모든 민족의 화합을 위한 실마리를 찾을 수 있다면 좋겠다. 특히 종교 속에 내포된 인간에 대한 연민과 존엄 사상은 인권과 평화를 위한 보편적 토대가 될 것이다. 아프라시아브 궁전터에서 발견된 벽화에는 한반도에서 온 것으로 추정되는 사신도가 그려져 있다. 남북관계 악화로 대륙으로 가는 길이 막힌 오늘날, 새로운 상상력의 모티브가 될 수 있다면 좋겠다.

외교광장 회원들과 방문한 레기스탄 광장. 밤이 되면 화려한 조명과 음악이 흘러 관광객들의 눈길을 사로잡는다.(2024.08)

레기스탄 광장의 야경. 민경태 박사 촬영.(2024.08)

아무르 티무르의 석관묘. 조로아스터교 영향인지 솟대도 놓여 있다.(2024.08)

14

유럽연합이 주는 교훈

영국의 산업혁명과 프랑스의 대혁명 이후 근·현대 역사 속에서 두 번에 걸친 세계 대전은 유럽의 가장 큰 시련이었다. 전후 프랑스는 주요 전쟁 자원 중에서 석탄과 철강의 생산·관리를 초국가 기구에 통합시켜 잠재적 전쟁 가능성을 억제하려 했다. 장 모네와 로베르 쉬망은 유럽통합의 주요 설계자였는데, 1950년 위와 같은 취지로 발표한 '쉬망 선언'에 서독이 즉각 동의했고 이에 1951년 유럽석탄철강공동체(ECSC)가 출범했다. 프랑스와 서독을 중심으로 이탈리아와 벨기에, 네덜란드, 룩셈부르크가 합류했다. ECSC는 오늘날 유럽연합(European Union)의 토대가 된 최초의 통합기구였다. 경제협력을 바탕으로 정치 통합에 접근하는 기능주의 통합이론의 대표적 사례였다고 할 수 있다.

이후 1957년 로마조약으로 유럽경제공동체(EEC)와 유럽원자력공동체(EURATOM)가 설립되어 경제통합의 기반이 마련됐고, 탈냉전 초기 나온 1992년 마스트리히트조약은 유럽연합의 공식 출범을 알리면서 유로화 도입의 기본 틀을 제시했다. 2001년 니스조약은 동유럽 국가들의 가입을 규정했는데, 유럽통합은 60년에 걸쳐 이루어졌다. 한편 1985년 체결된 생겐조약은 유럽연합 비회원국도 유럽 내에서 국경을 넘어 자유롭게 이동할 수 있도록 했다. 28개 회원국까지 확장됐던 유럽연합은 2021년 영국이 탈퇴하고, 제조업 강국 독일은 저성장에 갇히며, 프랑스 마크롱 대통령이 레임덕에 빠지자 새로운 도전에 직면했다. 평화를 위해 기획됐던 유럽연합이 한계에 부딪힌 상황을 어떻게 타개해나갈지 귀추가 주목된다.

유럽연합의 명암

유럽연합은 인구 5억에 가까운 단일시장이 형성되면서 물자와 화폐, 인구가 자유롭게 이동하는 국제적 경제블록으로 자리매김했다. 회원국 간의 통상과 투자가 촉진되자 기업과 소비자에게 더 많은 기회가 주어졌고, 역내 국내총생산(GDP. 2023년 1인당

34,000달러)은 지속적으로 성장했다. 2004년 유럽연합헌법이 조인된 후 유럽의회와 이사회, 집행위원회와 사법재판소, 그리고 중앙은행이 설립됐다. 경제에서 정치로 통합이 심화한 것이다. 유럽의회 의원은 직접선거로 선출되고 이사회는 회원국의 정부 수반들로 구성된다. 회원국 간의 국력과 제도적 편차로 어려움은 상존하지만, 유럽연합은 일자리와 교육, 문화면에서 다양성이 확보되고 상호의존성이 높아져 평화와 안정을 추구하는 설립 취지에 맞게 발전해왔다.

    그러나 회원국 간의 세력 불균형과 그에 따른 비민주성, 각국의 국내 정치의 부침(浮沈)은 유럽연합 진로에 직접적인 영향을 주기도 한다. 특히 2016년 영국의 보수당 집권 하에서 국민투표를 통해 탈퇴가 결정되자 유럽연합의 장래에 대한 회의적인 목소리가 높아지기도 했다. 또한 독일의 경제력 약화는 당장 급한 현실적인 문제가 되고 있다. 2000년대 유럽연합의 경제성장을 독일이 이끌다시피 했기 때문이다. 미·중 패권 경쟁이 본격화하면서 중국 의존도가 컸던 독일 경제는 큰 타격을 입었다. 엎친 데 덮친 격으로 우크라이나 전쟁 발발 이후 러시아가 가스공급을 중단하자 생산단가가 높아진 독일경제는 2023년과 2024년 연거푸 마이너스 성장을 기록했다. 더구나 디지털 전환, 전기자동차 보편화 등 날로 새로와지는 경제환경 속에서 대응 전략이 필요한 상황이다.

위기 속 유럽연합의 역할

유로권 20개국의 GDP 비중 30%를 차지하는 독일경제의 부진은 유럽연합 전체에 직간접으로 영향을 미쳤다. 더구나 독일은 국가 순 부채가 GDP의 0.35%를 넘지 못하도록 헌법으로 규정하고 있어서(균형재정조항) 공격적인 경기부양책을 펼칠 수 없는 형편이다. 한편, 기후변화 위기에 민감한 녹색당과 중도좌파 사회민주당, 시장친화적인 중도우파 자민당으로 구성된 연합정부는 경제 정책 실행에 있어서 약점으로 작용하고 있다. 현재 올라프 숄츠 수상은 자민당 린트너 재무장관의 해임 건의 후 야당의 반발을 샀고, 자신에 대한 연내 신임투표를 수용한 상황이다. 이른바 3당 연합의 '신호등 연정'에 빨간불이 켜진 것이다. 경제 정책의 기조를 놓고 벌어진 정치적 갈등의 단적인 사례라 할 수 있다.

프랑스 마크롱 대통령은 연금제도 개혁 시도가 국민저항에 부딪히면서 레임덕에 빠져 있다. 2021년 브렉시트(Brexit) 실행 이후 영국의 경제는 예상대로 어려워졌고 급기야 아동 급식을 위해 유니세프의 보조금을 받는 상황까지 됐다. 유럽연합 주요국의 난제가 중층적으로 맞물려 있는데 중동과 아프리카로부터의 난민 유입도 부담스러운 상황이다. 그렇지만 유럽연합은 역내에서 평화와 안정을 추구하고, 환경보호와 지속 가능한 발전을 추진함에 있어서 글로벌 리더십을 발휘하고 있음을 부인할 수 없다. 트럼프 2기 정부가 펼치고 있는 관세정책은 안보와 경제 두 축에 있어서 독자적인 대책을 요구하고 있다. 유럽에 의한 유럽의 안보를 위해서 대러시아 전략이 새로워져야 할 것이다. 미중 패권 경쟁이 상수화하는 가운데 유럽연합과 러시아의 시장 통합이 가능해질지 궁금해진다.

유럽연합은 러시아-우크라이나 전쟁을 비롯해 난민 유입과 주요 회원국의 난제가 중층적으로 맞물리면서 위기를 맞고 있다. 그렇지만 유럽연합이 역내에서 평화와 안정을 추구하고, 환경보호와 지속 가능한 발전을 위한 정책 수립에 있어서는 글로벌 리더십을 발휘하고 있음을 부인할 수 없다. 코리아연구원이 기획한 유럽연합연수에 참여해 프랑스 스트라스부르에 위치한 유럽의회를 방문했다.(2016.12)

15

미중 패권경쟁 시대, 코리아의 역할

투키디데스의 함정. '예정된 전쟁'의 저자 그레이엄 앨리슨 하버드대 교수가 미국과 중국의 패권 경쟁을 설명하면서 소개한 개념이다. 고대 도시 국가 스파르타는 지중해 연안의 그리스를 장악하고 100여 년 동안 패권을 유지했다. 페르시아 전쟁 승리 후 델로스 동맹을 주도하며 신흥 강자로 떠오르는 아테네가 해상권을 거머쥐자 패권국가로서 지위가 흔들릴 수 있다는 불안감에 스파르타가 먼저 전쟁을 시작했다는 것이다. 펠로폰네소스 동맹을 이끌던 스파르타가 전쟁에서는 이겼지만, 전후 아테네는 물론 국력을 소진한 스파르타 역시 몰락하고 만다. 신흥강국이 아닌 패권국의 불안이 세기의 전쟁을 일으킨다는 주장이다.

패권국이 전쟁을 회피한 4가지 사례

레이건, 클린턴 정부에서 국방부 장관 특별보좌관, 국방부 차관보 등을 역임하며 직접 정책에 관여했던 그레이엄 교수는 투키디데스 프로젝트를 진행하면서 과거 500년 동안 벌어졌던 16개 전쟁을 분석했다. 신흥강국이 출연하면서 기존 패권국과 경쟁하면서 벌어진 전쟁을 다루었는데 4번의 전쟁 회피 사례가 주목된다. 기존 패권국이 패권 유지를 위한 방어전을 벌인 경우가 12번으로 압도적이었는데, 전쟁으로 비화하지 않은 경우가 궁금하기 때문이다. 그레이엄 교수는 전쟁 회피 사례 분석 후 12가지 요소를 제시했다. 그중 대표적으로 '강력한 상위권위, 제도적 결속, 국익 중심의 실용주의, 문화적 공통성'에 관심이 쏠린다.

5세기 말 포르투갈 대 에스파냐, 20세기 초 영국 대 미국, 1940년부터 시작된 냉전기 미국과 소련, 1990년부터 현재에 이르는 영국, 프랑스 대 독일 사례가 '전쟁 회피'에 해당한다. 이 네 사례 중 미·소 냉전기나 탈냉전기 영국, 프랑스 대 독일의 경쟁에서 전쟁이 발발하지 않았던 이유는 핵무기로 인한 '공포의 균형' 때문이었다는 것이다. 핵보유국 중 한 나라가 다른 나라를 파괴하겠다는 결정은 스스로 자멸을 선택하는 것이기 때문에 전면전은 불가능하다는 주장이다. 중국은 소련에 이어 1964년과 1967년 우라늄과 수소를 이용한 핵실험을 추진했고, 현재 500기 이상의 핵탄두를 보유한 것으로 알려졌다.

유엔 안전보장이사회와 핵확산금지협약(NPT) 가입국인 미국, 러시아, 영국, 프랑스와 중국이 주요 핵보유국이다. 이외에 1974년 인도, 1998년 파키스탄이 핵실험을 실행했고 핵실험과 무관하게 이스라엘이 핵무기 보유국으로 여겨진다. 2017년 6차 핵실험과 장거리 미사일 시험발사를 마치고 '핵무력 완성'을 선언한 북한도 핵무기 보유국에 포함된다. 스톡홀름 국제평화연구소(SIPRI)는 북한을 9번째 핵보유국으로 기록하고 있다. 중국은 미국에 비해 십분의 일에 해당하는 핵탄두를 보유하고 있다. 과거 소련이 미국과 핵균형을 유지했지만, 경제력 하락으로 패권 경쟁에서 물러난 것과 달리 중국은 경제력에 있어서도 미국을 바짝 추격하고 있다.

그레이엄 교수에 따르면 핵무기로 인한 상호확증파괴(MAD) 이외의 12번째 열쇠는 '국내 상황'이 결정적인 요인이다. 경제가 튼튼하고 유능한 정부가 국민들과 단합하면 가장 큰 영향력을 발휘할 수 있다고 주장한다. 이는 핵보유국과의 동맹, 경제적 상호 의

존, 문화적 공통성 등의 요소보다 새로운 해법으로 읽힌다. 국가를 기초 행위자로 규정하는 국제정치 분석에서 국내 요인을 변수화하면 방정식은 더욱 복잡하고 어려워진다. 특히 자유주의 국가의 정권교체 경우가 그렇다. 시진핑 집권 이후 아시아재균형전략(Rebalancing Toward Asia)을 펼치면서 패권 경쟁을 본격화한 미국은 이미 두 번 정권이 교체됐고 트럼프 2기 정부가 들어섰다.

유능한 정부, 인민의 단합이
전쟁을 막는다

중국은 대만 해협을 포함해서 남중국해의 패권을 거머쥐기 위한 움직임을 1970년대부터 보여왔다. 최근에는 북쪽 파라셀 군도(群島)는 물론 남쪽의 스프랠리 군도의 수비-피어리크로스-미스치프 암초 위에 경납고, 레이더 기지, 항만, 방공시설 등을 갖춘 대규모 군사시설을 구축했다. 중국은 국제상설중재재판소(PCA)가 인정하지 않았던 해안경계선인 '9단선' 대신 오히려 대만을 포함한 '10단선'을 발표해 국제기구를 무력화하려는 행보까지 보였다. 일본과는 동중국해 센카쿠 열도를 놓고 다투고 있다. 중화 부흥을 전면에 내세우는 중국의 부상 앞에 기후변화와 공급망, 첨단 기술을 놓고 협력을 논했던 오바마 대통령의 제안이 무색해 보인다.

중국의 군 장성들 중에는 마오쩌둥이 피력했던 "핵전쟁에서 3억 명의 인민이 목숨을 잃는다고 해도 중국은 살아남을 것"이라는 말을 인용하는 사람들이 있다고 한다. 공포의 균형을 우습게 여기는 발상이 아닐 수 없다. 이를 제어할 수 있는 힘은 어디에 있을까? 그레이엄 교수 분석에 따르면 중국의 주권자에게 있다. 중국의 엘리트 당원들이 그 3억 명의 운명을 어떻게 결정하게 할지는 중국 인민 스스로 결정해야 한다. 안타깝게도 중국의 개혁개방은 경제에만 한정됐다. 중국은 어느 나라보다 12번째 열쇠가 필요해 보인다. 무서운 정부가 아닌 유능한 정부, 인민의 단합이 전쟁을 막는 길이다.

2024년 11월 중국 정부는 한국인의 무비자 방문을 허용했다. 1992년 국교 수립 이후 처음 있는 일이다. 관광 활성화 이외에 외교 관계 회복을 위한 신호로 보인다. 이는 다분히 미국과의 패권 경쟁에서 세력을 키우려는 포석처럼 보인다. 우리는 다시금 지정학적인 운명 앞에 놓이게 됐다. 2024년 12월 발발한 계엄 소동이 국제적 화제가 됐지만, 이후 대응과정은 더욱 주목받고 있다. 산업화에 이어 성공적인 민주화를 이룩한 대한국민이라면 어디서나 환영받을 것이다. 개발도상국 출신으로서 상상할 수 없었던 일이다. 한국형 민주주의의 특징은 자발성과 창의성, 그리고 역동성이라고 할 수 있다. 인권과 민주주의, 평화를 사랑하는 매력적인 국가가 되어 누구와도 선한 이웃으로 지낼 수 있는 길이 살 길이다.

미·중 패권경쟁이 자칫 주변국과의 전쟁을 부를 수 있다는 우려가 나온다. 1970년대 후반에 시작한 중국의 개혁개방은 안타깝게도 경제에만 한정됐다. 중국이 전쟁의 길이 아닌 평화의 길로 가는 방법은 무서운 정부가 아닌 유능한 정부, 인민들간의 소통과 단합에 있다. 2016년 8월 북한 땅이 바라도 보이는 중국의 단둥 압록강 철교 앞에서.

2019년 8월 창립 70주년을 맞은 중국 흑룡강성의 한 조선족중학교 행사에 뉴코리아 대표로 참석해서 축하했다. 10년 이상 교류해왔던 조선족학교와는 현재 교류가 중지된 상황. 중국 정부의 소수민족 정책이 달라졌기 때문이다.

16

미국 대외 전략 변화와 한반도 평화

트럼프 2기 정부 출범과 함께 미국의 대외 전략은 근본적인 변화를 보이고 있다. 이념의 시대에서 탈이념의 시대로 전환한 1989년 이후 국제 질서는 미국 중심의 단일 패권 체제였다. 미국은 이제 스스로 단극체제를 부인하고 나섰다. 2025년 1월 30일 상원 연설에서 루비오 국무장관은 단극체제는 비정상이라며 다극 체제로의 회귀를 언급했다. 트럼프 대통령은 바이든 대통령과 달리 중국과 러시아, 유럽과 아메리카 등 다극 질서 속에서 미국의 이익을 최우선 할 것으로 보인다. 중국과의 패권 경쟁을 최상위에 놓으면서 유럽보다 중국, 러시아 등 강대국 중심으로 세력권 정치를 추구하는 것이다. 이러한 미국의 전략 변화가 한반도에 미칠 영향과 그에 따른 우리의 전략은 무엇이어야 하는지 근본적인 성찰이 필요하다.

약육강식의 민낯 MAGA

트럼프 대통령이 내세우는 'MAGA(Make America Great Again)'는 국제사회를 움직이는 현실적인 힘의 논리를 바탕으로 한다. 약육강식의 국제정치 민낯을 고스란히 드러낸 말이다. 일찍이 영국 외무장관과 총리를 역임했던 팔머스턴 경은, 아편전쟁 당시 국제관계에는 "영원한 적도 영원한 우방도 없다"고 했다. 2023년 12월 작고한 미국의 키신저 국무장관 역시 "외교정책에 있어서 도덕적 완벽함을 요구하는 나라는 완벽함도 안보도 이루지 못할 것"이라며 실용 외교를 주장했다. 베트남 전쟁을 끝내기 위해 중국과의 관계를 개선하면서였다. 자유민주주의 국제 질서(rule based order)의 옹호자였던 미국은 트럼프 대통령을 통해 더 이상 과대 비용을 감당하지 않겠노라 선언했다.

미국의 이러한 태도 변화가 중국, 러시아와 인접한 한반도에 미칠 영향은 무엇일까. 우선 러시아와 미국의 관계 개선이 주목된다. 트럼프 대통령은 푸틴과 장시간 전화 통화를 하고 젤린스키와는 백악관에서 정상회담을 했다. 2월 28일 우크라이나 전쟁의 마무리 수순으로서 광물 개발 협상에 젤린스키를 불러들인 것처럼 보였던 트럼프는 전 세계 언론이 보는 앞에서 요란하게 파열음을 냈다. 트럼프 대통령은 막판에 기세 싸움이라도 하듯 젤린스키 대통령에게 "당신은 카드가 없다"며 밀어붙였다. 쫓기듯 백악관을 나온 젤린스키는 방송 인터뷰에서 곧바로 사과했지만, 미국은 우크라이나에 대한 군사와 정보 지원을 중단했다. 정권교체를 염두에 둔 언사마저 나온 끝에 젤린스키는 백기 투항했다. 광물협정이 곧 타결될 것으로 보인다.

전쟁 발발 3년이 넘은 2025년 2월 24일 유엔 안전보장이사회는 결의안 2774호를 채택했다. 국제 평화 유지에 있어서 유엔의 역할을 강조했지만, 러시아의 우크라이나 침공에 대한 규탄 메시지는 담지 않았다. 이에 영국과 프랑스는 기권표를 던졌고, 주 유엔 러시아 대사는 건설적이고 미래 지향적인 결과를 위한 첫 시도라고 논평했다. 유엔 총회에서는 미국이 결의안을 제출했는데 '러시아의 침공'을 명시하고 우크라이나의 '주권, 독립, 통일 및 영토 보전에 대한 의지 재확인'을 추가한 프랑스 수정안이 통과됐다. 미국 결의안은 우크라이나와 러시아 갈등의 신속한 종식을 촉구한다고만 했던 것이다. 우크라이나와 50여 국이 공동 발의한 결의안은 러시아의 침략에 따른 규탄 내용과 러시아군의 '즉시, 완전히, 조건 없는' 철수를 명시했다.

외교가 나라의 운명을 가르다

유엔 안보리와 총회의 결의안들은 우크라이나 전쟁 종식에 있어서 직간접적인 영향력을 발휘할 것이다. 그러나 그보다 중요한 변수는 미국의 지원중단과 광물 협상, 러시아의 종전 요구사항으로 보인다. 러시아는 돈바스 지역 통합을 원하고 있다. 트럼프 대통령의 말대로 우크라이나는 종전에 대해서 제대로 협상할 수 있는 카드가 없다. 부패 스캔들로 얼룩졌던 관료들과 타국으로 떠나버린 수백만의 국민들. 무리하게 NATO 가입을 시도했던 우크라이나는 국가 존립 자체가 위태로워졌다. 임기가 진즉 끝난 젤린스키 대통령은 윤석열 대통령에게 손을 벌렸지만 윤 대통령 또한 탄핵을 거쳐 파면되고 말았다. 우리는 한 나라의 운명이 대외 정책 오판에 따라 어떻게 갈라질 수 있는지 코앞에서 목격하고 있다.

북한은 2019년 미국과의 정상회담 실패에 이어 코로나19 국면이 전개되자 스스로 국경을 폐쇄하며 위기에 대처했다. 엎친 데 덮친 격으로 연거푸 악재가 발생했지만 2022년 2월 발발한 우크라이나-러시아 전쟁은 북한에 기회의 창이 됐다. 트럼프의 재등장이나 우크라이나 전쟁을 예견하지 못했을 북한은 이제 아이러니하게 러시아 등을 타고 날아오를 기세다. 북한은 2024년 6월 러시아와 '포괄적인 전략적 동반자 관계 조약'을 체결했다. 전쟁이 발생하면 양국이 쌍무적으로 군사 원조를 제공하기로 한, 동맹에 준하는 조약이다. 이후 북한은 우크라이나 공격을 받은 러시아 쿠르스크에 10월부터 무기와 군사를 보낸 것으로 추정된다. 우리 국정원은 1만 2천 명의 북한군이 파병된 것으로 보고 있다.

오랜 세월 '등거리 외교'를 펼치며 국가 존망의 위기를 헤쳐왔던 북한은 러시아와 미국 사이에서 '레버리지 효과'를 극대화할 것이다. 트럼프는 취임 전부터 김정은과의 관계를 과시했고 러시아는 2014년 북한의 채무 90%를 탕감한 바 있다. 대중국 의존도를 완화하고자 했던 북한은 러시아와의 전략적 관계를 구축하는 한편 미국과도 핵 담판을 시도했던 것이다. 트럼프는 러시아를 안보 위협의 대상보다 경제협력의 파트너로 삼고자 할 것이다. 북극항로 개발과 그린란드, 희토류 등에 관심이 크기 때문이다. 미국이 러시아와 극동지역에서 경협을 본격화한다면 북한과의 협력 역시 자연스럽다. 트럼프는 이미 북한의 해안가 개발에 흥미를 표한 바 있다. 우리로서는 이 같은 정세변화에 실리를 따지며 대응해야 한다.

미 하원 앞 기자회견 장소인 일명 '트라이앵글'에서 KAPAC과 브래드 셔먼 의원실이 한반도평화법안 발의 관련 기자회견을 열고 있다.(2023.03)

트럼프 2기 정부 출범과 함께 미국의 대외 전략은 근본적인 변화를 보이고 있다. 스스로 단극 체제를 벗어던지고 다극 체제로의 전환에 뛰어들었다. 이에 따라 한반도를 향한 미국의 전략도, 그에 따른 우리의 전략도 변화가 불가피하다. 미 하원에서 한반도평화 관련 브리핑 세션이 열리는 등 미주동포의 역할이 중요해지고 있다. 공공외교 차원에서 저자도 기회 있을 때마다 방문한다. (2022.11)

17

세계는 지금 전쟁 중
— 우크라이나 러시아 전쟁

2022년 2월 러시아군의 침공으로 시작된 우크라이나-러시아 전쟁은 3년을 훌쩍 넘어 지속되고 있다. 두 국가를 넘어서서 러시아 대 미국, 유럽연합, 영국, 독일, 캐나다, 폴란드, 프랑스, 네덜란드, 노르웨이, 일본 등이 관여하는 이 전쟁을 놓고 혹자는 제3차 세계대전이 시작됐다고 평한다. 2024년 11월 치러지는 미국 대통령 선거가 변수로 주목되는 현상 역시 우·러 전쟁의 국제적 성격을 말해준다. 미국의 대외전략과 러시아의 대응이 본질적인 문제인데, 이번 전쟁으로 미국의 단일패권은 더욱 흔들리게 됐다.

단일 패권국 미국의 흔들리는 지위

1989년 12월 미국의 부시 대통령과 소련의 고르바초프 서기장은 냉전이 끝났음을 선언했다. 이후 동서독이 통일하고 폴란드, 헝가리, 체코슬로바키아 등 동유럽 국가들이 일제히 체제를 전환했다. 노동당 일당 독재가 종식되고 당이 주도하는 계획경제가 자본주의 시장경제로 변화한 것이다. 한편 중국은 공산당 독재를 유지하면서 빠르게 성장했다. 오바마 정부가 '아시아 재균형(Rebalancing Toward Asia)전략'을 표방하기까지 국제 질서 속에서 미국은 의심의 여지 없는 단일 패권국이었다.

우·러 전쟁은 유럽에서 확장을 거듭해온 북대서양조약기구(이하 NATO)의 영향력을 더 이상 참지 못한 러시아의 군사행동이었다. 과거 소련의 고르바초프 서기장은 미국의 베이커 국무장관이 "동쪽으로는 1인치도 가지 않겠다"고 한 약속을 근거로 동독에 주둔해 있던 소련군을 철수시켰다. 회담 내용은 현재 기밀이 해제되어 미 국가안보기록보관소에서 찾아볼 수 있다. 이후 고르바초프는 서독의 헬무트 콜과 회담했고, 2+4 외무장관 회담 시 독일통일에 관한 최종 조약이 체결된다. 냉전의 상징이었던 소련군 철수는 동서독 통합에 중요한 변수가 됐다.

소련연방에 속해 있던 14개 독립 국가 중 우크라이나는 1991년 공산당의 쿠데타 시도가 실패로 돌아간 후 독립했다. 러시아 다음으로 넓은 영토를 소유하고 있는 우크라이나는 전쟁 전 인구도 3천만 명을 넘어 『거대한 체스판』의 저자 브레진스키는 "우크라이나 없이 러시아는 제국이 될 수 없다"고도 했다. 현재 러시아군이 점령한 지역은 2014년 합병지와 함께 우크라이나 남동부를 잇는 육로 회랑을 형성하는데 전체 영토의 약 18%에 해당한다. 고대사를 공유하고 언어적으로도 유사성이 큰 우크라이나를 러시아는 형제 국가로 여겨왔다.

우크라이나 전쟁과 미국

탈냉전으로 접어들면서 고르바초프와 옐친은 NATO 가입을 희망했지만 미국은 받아들이지 않았다. 반면 1999년 폴란드, 헝가리, 체코가 NATO에 가입했고 2004년엔 루마니아, 불가리아 등 7개국이 가입했다. 오렌지 혁명을 거친 우크라이나는 같은 해 유럽연합에 가입했다. 2008년 부쿠레슈티 NATO 정상회담에서는 우크라이나와 조지아의 가입을 환영한다는 메시지가 나왔다. 러시아는 이미 두 나라의 가입을 '레드라인'으로 규정한다고 거듭 밝혀온 터였다. 탈냉전 선언과 함께 러시아를 NATO에 받아들이지 않은 미국의 속내가 궁금하다.

2021년 바이든 정부는 우크라이나와 전략적 파트너십 헌장을 제정했다. 2022년 2월 러시아의 침공이 있기 바로 전이다. 2024년 4월 미 의회는 우크라이나를 추가 지원할 수 있는 법안을 통과시켰지만, 현재의 전황상 러시아는 점령지로부터 철수할 기미를 보이지 않는다. 미국은 2014년부터 우크라이나에 NATO 기준에 부합하는 군사력을 지원해왔다. 전쟁 발발 이후 투여한 군사 지원금은 74조 원에 달하는데 상당 금액이 미국산 무기 구입을 위해 쓰였다. 부패 스캔들로 얼룩졌던 우크라이나 정치권을 생각하면 누구를 위한 전쟁인지 의구심도 생긴다.

미국은 중국을 견제하기 위해 '아시아 재균형 전략'을 추진했다. 유럽에선 구소련을 비롯한 동유럽 사회주의 대응 전략이었던 NATO 체제를 유지하고 있다. 중동에서는 이스라엘과 하마스 전쟁 발발 이후 퇴로를 찾지 못하고 있다. 국제사회 속에서 신냉전 시대가 시작됐다는 주장이 많지만, 그보다 미국 주도의 단일패권 시대가 가고 중국·러시아·인도 등의 부상과 함께 다극화시대가 도래하고 있는지 모른다.

미국이 전체주의국가와 달리 인권과 자유, 민주주의를 신봉하는 선도국가라면 국제 질서 변화를 수용하고, 인류가 직면한 새로운 위기를 헤쳐 나가는 데 앞장서야 한다. 지구 환경 생태계 보호를 위한 길 말이다. 시간이 많이 남지 않았다.

18

세계는 지금 전쟁 중
— 팔레스타인 전쟁이 주는 교훈

2023년 10월 하마스의 민간인 납치 사건으로 재점화된 팔레스타인 지역 분쟁은 복잡한 중동문제의 배경을 돌아보게 한다. 이스라엘은 1947년 아랍 국가와 유대 국가 분립을 명시한 '유엔 결의안 242'를 받아들여 1948년 5월 14일 건국을 선언했다. 국가 없이 떠돌던 디아스포라 유대인에게는 감격에 겨운 날이었을 것이다. 그러나 이집트, 요르단, 시리아 등 왕국 통치 아래 살아왔던 원주민들에겐 '디아스포라 팔레스타인인'으로서의 삶이 시작된 날이기도 했다. 76년 넘게 지속되는 이스라엘과 아랍국가 간 분쟁은 북한을 상대해야 하는 우리에게 중요한 교훈을 준다. 평화를 원하면 평화를 훈련해야 한다. 적대는 쉽고 평화는 어렵기 때문이다.

영국은 제1차 세계대전 중에 맥마흔 선언(1915년)과 벨푸어 선언(1917년)을 발표했고, 전후 1920년부터 1946년까지 팔레스타인 지역을 위임 통치했다. 두 선언은 아랍국가들과 유대인을 대상으로 각기 독립 국가 건설을 약속한 것이었다. 이중계약이라고 할 수 있는 이들 선언은 전쟁 시 조력이 필요해서 추진되었는데, 팔레스타인 지역을 놓고 아랍국가들과 이스라엘이 지분을 주장하는 근거가 됐다. 그러나 영국의 영향력은 미국의 등장과 함께 급감했다. 1947년 '유엔 결의안 242'가 통과되면서 영국은 철수하고 유엔이 위임 통치를 맡았다. 유엔 주도국인 미국은 이스라엘 건국 이후 지속해서 중동문제에 관여해오고 있다.

두 극단주의의 대결이 부른
가자지구 참사

팔레스타인 원주민들은 왜 1947년 유엔 결의안을 수용하지 않았을까. 원인은 분명하다. 유대인 이주가 시작된 초창기 6% 남짓했던 유대인 거주지를 56%까지 확장한다는 결의안을 수용할 수 없었던 것이다. 이후 건국 초보다 지속해서 늘어난 이스라엘 점령지를 보면 이스라엘의 전략은 인종 청소에 가깝다고 할 수 있다. 애당초 원주민 거주지로 인정됐던 서안지구 안에 60만 명 이상의 유대인 정착촌이 존재하는 사실은 극우 시온주의자들의 정책이 구현되고 있음을 보여준다. 가자 지구를 대표하는 하마스 역시 이스라엘 국가 소멸을 천명하고 있으니, 두 극단주의 세력의 갈등이 오늘날 참사를 불러왔다고 할 수 있다.

19세기 말 시온주의의 기획에 따라 시작된 유대인들의 팔레스타인 이주는 유럽의 반유대주의가 출발점이었다. 러시아 황제 알렉산더2세 암살 배후로 유대인이 지목되거나, 프랑스 드레퓌스 장교를 독일 스파이로 모는 등 반유대주의에 기한 사건들이 발생하자 『유대국가론』을 출간한 오스트리아 언론인 테오도어 헤르츨을 중심으로 시오니즘 운동이 시작됐다. 팔레스타인 지역에서 유대인은 건국을 강행한 반면, 가자 지구와 서안 지구로 나뉘어서 이스라엘과의 결사항전을 주장하는 강경 무장 정파 하마스는 가자 지구를 대표하고 있고, 야세르 아라파트가 이끌던 팔레스타인해방기구(PLO)는 서안 지구를 통치하고 있다.

PLO는 1988년 팔레스타인 국가 수립을 선언하고, 1993년 미국의 중재로 이스라엘과 오슬로 협정을 맺어 공식적으로 자치권을 인정받았다. 그렇지만 이러한 타협안은 이스라엘과 팔레스타인 양쪽 강경파로부터 반발을 샀다. 1995년 오슬로 협정에 사인했던 이스라엘 이츠하크 라빈 총리가 총격으로 사망하기까지 했다. 또한 2004년 11월 PLO 지도자 아라파트 사망 이후 등장한 마흐무드 압바스는 이스라엘과의 협정을 유지하고자 했으나, 민족주의자 아흐메드 야신이 이스라엘군의 공격으로 사망하자 강경파 하마스가 득세하게 됐다. 2005년 가자지구에서 이스라엘군이 철수하면서 가자 지구는 하마스 치하가 됐고 PLO 자치정부의 행정력이 미치지 못하게 됐다. 하마스와 PLO의 노선 갈등으로 팔레스타인 원주민 입지는 더욱 어려워졌다.

처벌 대신 네타냐후를 감싸는 미국

2023년 10월 사태로 인해 이스라엘이 가자 지구를 무차별 공격, 3만 7천 명 이상의 사망자가 발생했는데 그렇게까지 해야 했는지 의문이다. 물론 이스라엘에서도 1,800여 명의 사망자가 발생했다. 가자 지구는 현재 이스라엘의 극단적인 봉쇄 조치로 인한 기아 발생과 의료체계 붕괴로 여성과 유아 사망률이 심각한 지경이다. 국제사회의 인도적 지원조차 허용되지 않고 있다. 국제사법재판소에는 네타냐후 이스라엘 총리와 하마스 지도자가 기소되어 있지만 실효성 있는 판결이 내려질지는 미지수다. 미국과 전 세계적으로 팔레스타인 원주민을 지지하는 여론이 유례없이 강력하게 형성됐다. 그러나 바이든 대통령은 네타냐후 총리를 겨냥한 기소를 놓고 국제사법재판소에 제재를 가하겠다고 으름장을 폈다. 대선을 앞둔 바이든으로서 유대계 표를 의식하지 않을 수 없었을 것이다.

이스라엘 건국 이후 76년 지속된 팔레스타인 분쟁 속에서 530만 명 이상의 난민이 발생했다. 유대인은 과연 국가 없이 떠돌던 나그네 시절을 잊어버린 것일까? 이번 사태는 과거 유대인 홀로코스트로 인한 국제사회 동정론을 상쇄할 만큼 잔인한 모습의 이스라엘을 드러냈다. 인간에 대한 사랑을 가르치는 성경의 본류에서 벗어날 때 한없이 냉혹한 패권국이 될 수 있음을 보여주고 있다. 약육강식의 논리가 지배하는 국제사회 속에서 선도국 지위는 보편적 가치를 추구하는 인류애에 뿌리내릴 때 주어진다. 이스라엘이 민족적 부흥을 바란다면 인권과 민주주의, 상생 평화를 추구해야 한다. 왜곡된 선민의식은 민족의 영광을 가릴 뿐이다.

19

12·3 계엄 사태와 한미동맹
― 자유민주주의를 위한 동맹

2025년 1월 19일 헌정사상 처음으로 현직 대통령의 구속영장이 발부됐다. 윤석열 대통령은 내란죄 관련 형사소송과 헌법재판소에서의 탄핵 심판을 동시에 받게 됐다. 헌재가 파면을 선고하면 박근혜 대통령에 이어 두 번째로 현직에서 파면된 대통령이 된다. 박근혜 대통령 파면이 국정농단에 기인했다면 윤석열 대통령의 경우 계엄선포가 위헌이었는지를 판단하게 된다. 이번에 선포된 계엄이 대통령의 통치행위라는 억지 주장을 펴고 있지만 결론은 거의 정해진 듯하다. 윤 대통령이 지지자를 동원하고 결집하기 위한 메시지를 계속 발신하고 있지만 동맹국 미국은 백악관과 국무부, 의회에서 거듭 계엄의 부당함을 지적하고 있다. 윤 대통령 취임 후 극진한 대접을 했던 미국은 아시아판 나토(NATO)를 거의 완성해가던 참이었다.

필립 골드버그 주한 대사는 계엄선포 후 관계자들에게 연락을 취했지만 불통이었고 국회가 계엄 해제 결의안을 통과시키고 난 뒤에야 김태효 안보실 1차장과 통화가 됐다고 한다. 그러나 김 차장은 뒤늦은 통화에서도 계엄선포의 정당성을 주장했다고 전했다. 미 하원 외교위원장을 지낸 브래드 셔먼 의원은 12월 7일 의회 연설에서 계엄선포는 터무니없었다고 잘라 말했다. 윤 대통령이 국가안보를 이유로 내세워 자신의 계엄선포를 정당화하려 했다는 것이다. 셔먼 의원은 대한민국 안보는 민주주의와 법치에 대한 한국민의 단합된 헌신(commitment)이 한 축이고 한미관계가 또 다른 축이라고 했다. 그러면서 "한국에 대한 미국의 헌신은 한국전쟁에서 함께 싸웠던 역사뿐만 아니라 민주주의에 대한 공동의 헌신 때문"이라고 강조했다.

미국도 외면한
윤석열의 무모한 비상계엄

1월 5일 방한한 토니 블링컨 국무부 장관은 '한미동맹 이상 무'를 확인했지만, 한국 민주주의가 시험대에 올랐다며 헌법과 법치가 중요하다는 원칙론을 강조했다. 로이드 오스틴 국방장관은 바이든 정부가 성과로 내세우는 한미일 삼각공조에 있어서 동맹의 중요성을 강조해왔다. 그러나 이번 계엄 사태는 바이든 정부의 외교 성과에 재를 뿌린 것과 같은 결과를 초래했다. 오스틴 장관은 한국을 패싱하고 일본을 방문해 이시바 시게루 총리를 만나 일본의 역할을 강조했다. 커트 캠벨 국무부 부장관은 윤 대통령이 심하게 오판했다며 이례적으로 비판했다. 계엄선포가 불법적이었고, 역사적으로 계엄선포가 한국인에게 미친 부정적인 영향을 지적한 것이다. 국민들이 뛰쳐나와 맨몸으로 국회를 지켜내는 모습을 보고 위안을 얻었다고도 했다.

제이크 설리번 국가안보 보좌관은 한미동맹의 핵심은 민주주의와 법치라며 한국의 민주주의 강화를 위해 공개적으로 목소리를 내겠다고 했다. 윤 정부에 대한 경고의 메시지이면서 한국 국민에 대한 확고한 지지로, 민주주의 회복력에 신뢰를 표한 것이다. 매슈 밀러 백악관 대변인 역시 윤 대통령 체포 직후 한국민을 지지한다고 밝혔다. 캐슬린 스티븐슨 전 주한 미 대사는 민주주의 모범국인 한국이 이번 사태를 잘 극복하길 기대한다며 계엄은 시대착오적이었다고 평했다. 민주주의와 법치, 헌법 수호의 가치가 한미동맹을 가능하게 하는 근거임을 미국 주요 인사들이 거듭 강조하는 모습이다. 이는 다름 아닌 윤 대통령이 이전부터 강조해온 자유민주주의 기반의 가치동맹인 한미관계 속성을 밝혀 준다.

한미일 군사협력
바이든 정부의 무리수

한미동맹을 떠받쳐온 윤석열 대통령은 아이러니하게 퇴임을 앞둔 바이든 정부에 재를 뿌리고 말았다. 바이든 대통령은 윤 대통령을 백악관에 국빈으로 초청했고 '아메리칸 파이'를 부른 윤 대통령은 원곡자 사인이 적힌 기타를 선물 받았다. 그 대가는 한미일 군사협력과 수십조에 달하는 사업 투자였다. 한일관계가 역사 문제로 인해 부침을 계속해왔지만, 우여곡절 끝에 2023년 8월 캠프 데이비드 원칙 합의로 한미일 군사협력 틀이 구축됐다. 이는 바이든 대통령의 숙원사업이었다. 미국 백악관과 국무부 인사들이 한국 계엄 사태에 대한 깊은 우려를 표명하고 나선 데에는 또 다른 배경도 엿보인다. 토니 블링컨 국무부 장관은 최상목 대통령 권한대행으로부터 한미 간 합의는 차질 없이 진행한다는 다짐을 받고 돌아갔다.

미국에 투자한 배터리, 태양광, 반도체 사업체들은 트럼프 대통령 당선으로 수십조에 달하는 투자금 회수가 불투명해지고 있다. 군사 안보 못지않게 경제 안보가 일상을 위협하는 불안 요인이 될 수 있다. 경제 지표와 상관없이 윤석열 정부 들어와 내수는 더욱 힘겨워졌다. 미국과 중국의 패권 경쟁 틈새에서 살 길을 찾아야 하는 우리로서는 엎친 데 덮친 격이다. 윤석열 대통령이 주문 외듯 외친 '그의 자유민주주의'는 동맹국 미국으로부터도 외면당하고 있다. 다행히 한국민의 민주 의식과 단합으로 민주주의 시스템은 작동하고 있다. 셔먼 의원 정의에 따른 안보의 두 기둥은 한국민의 단합과 한국 민주주의를 지지하고 나선 한미관계이다. 끝나지 않은 내전 속에서 대한민국 안보는 새로운 도전에 직면해 있다. 잘 극복하길 빈다.

윤석열이 입만 열면 외치던 '자유민주주의'는 동맹국 미국으로부터도 철저히 외면당했다. 미국조차 그의 비상식적인 비상계엄을 도저히 이해할 수 없었던 것이다. 다행히 한국 국민들의 민주 의식과 단합으로 민주주의 시스템은 서서히 정상으로 되돌아가고 있다. 과거에도 그랬듯 지금도 그리고 앞으로도 한국의 민주주의는 더욱 더 성숙하고 완전해갈 것이다. 나는 거의 매일 시민들과 함께 거리에 나가 '윤석열 탄핵'을 외쳤다. 헌법재판소 앞 1인 시위.

20 여성이 만들어가는 한반도 평화

여성이 만들어가는 한반도 평화는 무엇이 어떻게 다를까? 정부와 민간 차원에서 지난 수십 년간 추구해왔던 평화 만들기는 그 당위와 방향에 있어서 크게 다를 바 없을 것이다. 전쟁 없는 한반도에서 민족의 상생 평화를 추구하자는 데에 남녀의 차이가 크지 않기 때문이다. 그러나 여성이라는 주체성은 남성 중심의 정치·군사적 접근을 근본에서부터 되짚는 새로운 패러다임을 제공한다는 점에서 주목된다. 또한 '소극적 평화에서 적극적 평화로', '평화적 방법에 의한 평화를' 등 통일과정에 있어서 평화 담론이 확장되고 있는 상황은 여성의 평화감수성을 십분 활용할 수 있는 환경이다.

남북은 이미 고위급회담과 정상회담을 통해 상당히 개진된 합의를 도출했다. 비록 북한 핵 문제와 북미관계로 인해 남북관계가 답보상태에 빠졌지만, 지난 2018년을 돌이켜 볼 때 정부 차원에서는 남북관계와 북미관계가 맞물리며 상호작용하는 이원 합의구조를 경험했다. 4·27과 9·19 두 번의 남북정상회담 사이에 있었던 6·12 북미회담에서 남북의 합의를 재확인하는 유래없는 성과를 거두었던 것이다. 역사적으로 강대국 패권의 부딪힘 속에서 약소국으로서의 비애를 머금을 수밖에 없었던 우리로서는 곱씹으며 돌이켜 봐야 할 지점이다. 미국과 소련의 양극체제가 무너지고 미국과 중국의 새로운 패권대결의 시대로 접어든 오늘날 더욱 그렇다.

한반도 평화과정과 여성

민간 차원에서의 평화 만들기는 남북의 정부 정책으로부터 독립적이지 못하다. 교류협력을 바탕으로 남북연합체계를 갖추고 완전한 통일로 나아간다는 역대 정부의 통일정책은 평화적 방식에 의한 점진적 통일과정을 제시하고 있다. 여기에는 정파를 초월하는 합의가 이루어진 것으로 보인다. 그에 비해 대북정책은 정권에 따라 일관되지 못했을 뿐만 아니라, 통일정책과 충돌을 일으키는 가운데 민간은 자율성을 발휘할 틈이 없었다. 전통적 국가안보를 최우선시 하는 군사주의 문화가 발목을 붙잡고 있기 때문이다. 이젠 여성이 나서서 국방력 평가 세계 6위권에 진입해 있으면서도 한미동맹에 의존하는 정부의 국방 정책부터 따져봐야 한다.

한국전쟁의 발생 기원에 관해서 다양한 분석이 있었지만, 남북관계를 중심으로 보자면 남북 정부가 미국과 소련을 뒷배경으로 삼고 서로 다른 통일론을 내세우며 무리한 통합을 시도했던 점을 기억해야 한다. 북이 주창했던 남조선 혁명론이나 남이 내세웠던 북진 통일론은 정권차원에서 상대가 죽거나 내가 죽어야 하는 제로 섬(Zero-Sum)게임이었다. 일제강점기를 스스로 벗어나지 못한 우리 민족은 해방 직후 펼쳐진 미국과 소련의 군정(軍政) 하에서 더 큰 민족적 시련의 맹아를 키웠다. 상대를 부정하는 통일론은 전쟁으로 치달았고, 민족상잔의 전쟁은 이념의 늪에 빠져 인간성을 상실했을 때 벌어질 수 있는 처참함에 관한 뼈아픈 교훈을 남겼다.

승자도 패자도 없이 멈춰 선 한국전쟁은 국제사회에서 잊히다시피 했는데, 북한의 핵 문제 해결 과정에서 다시 주목받고 있다. 1991년 체결한 남북기본합의서는 화해와 불가침을 선언하고 교류협력을 가능하도록 한 남북 간의 종전선언이었지만 북미수교가 이루어지지 않으면서 완결되지 못했다. 당시부터 북한은 미군 철수를 전제로 하지 않는 북미수교를 요청했었다. 미국 부시 대통령은 이를 받아들이지 않았고 김영삼 정부도 적극적인 중재 노력을 하지 않았다. 사회주의국가들이 잇따라 체제전환을 하고 동서독이 통일되는 가운데 '북한 정권 붕괴 후 흡수통일'이라는 막연한 기대감이 팽배했기 때문이었다. 이는 제1차 북핵 위기 국면이 시작된 배경이면서 동시에 남북관계의 한계를 보여준다.

북한이 2006년 10월 1차 핵실험을 강행하자 국내에서는 대북 '퍼주기론'이 거세게 일었다. 핵 문제는 국제사회에서 약소국 북한이 강대국 미국을 상대로 벌이는 생존게임이지만 국내 정치 지형은 이를 수용하기엔 폭이 매우 좁았다. 이명박 정부와 박근혜 정부에서 대북지원이 현저히 줄었어도 북한은 자신의 계획표를 따라 행동했다. 6차 핵실험을 하고 장거리 미사일까지 개발한 후 핵 무력 완성을 천명한 북한은 여전히 미국을 상대로 생존게임을 벌이고 있다. 바이든 정부는 클린턴 정부 당시의 페리 프로세스와 북미코뮤니케를 복원하고, 트럼프 대통령이 성사시킨 북미 싱가포르 합의로부터 새로운 출발을 시도해야 한다.

싱가포르에서 북미 정상은 새로운 관계를 수립하고 한반도 평화체제 구축을 위해 노력하기로 했다. 또한 북한은 4·27 판문점선언을 재확인하고 한반도의 완전한 비핵화를 위해 노력한다고 약속했다. 비록 2019년 2월 하노이에서 결실을 보지 못했지만, 어디에서 무엇을 시작해야 하는지 답은 나와 있다. 우리 정부는 역량을 최대한 끌어올려 1991년 남북기본합의서와 2000년 6·15공동선언, 2007년 10·4정상선언, 2018년 4·27판문점선언, 9·19평양선언의 합의를 완결해야 한다. 비핵화 협상의 장기화가 불가피하다면 종전선언과 한반도 평화협정 체결, 그리고 북미수교까지 페이스 메이커(pace maker)가 되어야 한다.

여성들이 주도하는 새로운 시도

최근 여성들이 주도하는 국제연대를 통한 평화 만들기는 민간 차원 운동의 새로운 가능성을 선보이고 있다. 2015년 시작된 Women Cross DMZ(WCD) 운동은, 국내 여성단체들을 포함하여 여성 노벨평화상 수상자들을 비롯한 국제 평화단체들과의 연대를 통해, UN과 캐나다, 미국 등을 상대로 벌이는 공공외교 운동으로 발전했다. 한반도 평화과정이 남북관계뿐만 아니라 국제관계 속에서 진행됨을 염두에 둘 때 고무적인 일이 아닐 수 없다. 북에서 남으로, 남에서 북으로 분단의 장벽을 걸어서 넘는 퍼포먼스(performance)는 정치·군사적 긴장의 팽팽함을 상징적으로 돌파하고자 했던 시도였다.

미국 여성운동가인 글로리아 스타이넘, 노벨평화상 수상자인 북아일랜드의 메어리드 맥과이어와 라이베리아의 리마 보위, 디즈니 가(家)의 다큐영화감독 아비가엘 디즈니 등 유력 인사들과 함께 했던 WCD운동은 2019년 5월 한국여성단체연합, 평화를만드는여성회, 전국여성연대, 한국YWCA가 주축이 되어 발족한 여성평화네트워크의 모태가 됐다. 여성의 한반도 평화과정 참여를 지원하고 국제사회 공공외교에 힘쓸 수 있도록 새로운 조직이 출범한 것이다. 국내 여성단체들이 추진했던 남북 여성 대화와 유엔 안보리 결의안 1325 실현 운동 등에 더해 UN여성지위위원회(CSW) 참여, 캐나다와 미국 의원과의 대화 등 폭넓은 활동이 가능해졌다.

대인지뢰 금지 운동을 펼쳐 노벨평화상을 수상

한 미국의 조디 윌리엄스가 2006년 메어리드 맥과이어, 리마 보위, 그리고 이란의 시린 에바디 등 다른 여성 노벨평화상 수상자들과 함께 만든 노벨여성이니셔티브는 전세계 여성평화운동을 지원하는 기금을 조성해 여성평화네트워크 출범을 도왔다. 여성평화네트워크는 2019년 3월 유엔 여성지위원회에 참여했고 권미혁, 제윤경, 이재정 의원과 동반하여 버니 샌더스, 툴시 가버드, 그레이스 맹, 바바라 리, 젠 셔카우스키, 에디버니스 존슨, 앤디 김, 로 칸나 의원 등 민주당 상·하원 의원들과의 대화를 추진했다. 앞으로 한반도 평화과정의 이해를 돕는 한미 의원외교가 본격화하길 기대해 본다.

갈등과 분쟁, 전쟁 지역에서 가장 큰 피해자였던 여성은 '피해자에서 예방자로' 새로운 정체성을 인식하게 됐다. 2000년 채택된 유엔 안보리 결의안 1325는 평화구축 과정에서 여성의 참여를 독려한다. 또한 분쟁 발생 시 여성폭력 예방과 인권 보호, 분쟁 이후 구호와 회복에 있어서 여성이 활약할 수 있도록 각국의 정부가 국가행동계획을 수립하도록 권고하고 있다. 우리도 2014년 5월 채택한 바 있는데 2021년부터 국가행동계획 3기기 출범하여 3년간 활동하게 된다. 군사주의를 기반으로 한 전통적인 국가안보는 생태·환경이 중시되는 시대적 흐름 속에서 인간안보로 그 개념이 변화하고 있다.

바야흐로 '여성에 의한 여성의 안보'를 추구하는 여성안보가 새롭게 자리매김할 때이다. 남한에서 여성은 강제징집 대상이 아니고 군사주의의 강압으로부터 일정 정도 벗어나 있다. 이에 여성은 북에 대한 대적의식에 있어서 남성보다 상대적으로 유연하다. 또한 가부장제 문화 속에서도 여성은 사회적 자아를 키움과 동시에 가사를 전담하며 인간의 기본권인 생명권을 지켜왔다. 평화적 방법에 의한 평화 실현 주체로서 여성은 좋은 정책자원이라고 할 수 있다. 한반도는 현재 군사력 경쟁의 최고치를 나타내는 핵 위협에 놓여 있다. 이는 명백히 물리적 폭력을 정당화하는 군사주의가 낳은 결과이다. 한반도 평화과정에 여성의 참여가 다방면으로 추진될 수 있도록 국내외 여성단체와 여성 전문가, 여성 시민이 강고한 연대를 형성하며 있음직한 역할을 할 수 있길 기대한다.

WCD 국제 여성 단체들이 모여 통일대교를 건너 민통선 마을까지 걷기 행사를 진행했다. 한반도 분단 구조가 빚어지는 과정에서 미국을 비롯한 국제 사회의 책임이 피할 수 없음을 인식한 여성들은 미국과 영국, 캐나다, 일본 등지에서 한반도 평화를 위한 운동에 동참하고 있다.(2018.06)

21 미 의회의 한반도 평화 법안

미주민주참여포럼(Korean American Public Action Council, KAPAC)이 2021년 4월 9일 개최한 포럼에서 미 연방 하원 외교위원회 브래드 셔먼 의원은 한반도 평화 정착의 근본적 해법으로서 '한반도 평화 법안'을 준비하고 있다고 밝혔다. 지난 116회기 로카나 의원이 발의했던 '한국전쟁 종전선언결의안 HR 152'는 하원에서 52명의 서명을 받았지만 상원 통과가 무산된 바 있다. 이번 117회기에서 브래드 셔먼 의원은 한국전쟁 종전선언은 물론 평양-워싱턴 북미 연락사무소 설치, 북미 이산가족 상봉, 인도주의 교류협력 등을 아우르는 포괄적 한반도 평화 법안을 준비하고 있다는 것이다.

미국 정부로서 최대 관심사는 북한의 비핵화 문제이다. 포럼에서 셔먼 의원은 그동안의 대북제재 정책이 결코 성공적이지 못했다고 평가하며 현 단계에서는 북한의 핵무기 생산과 수출을 동결하기 위한 정책을 펼쳐야 한다고 주장했다. 북한이 경제적 동기에서 핵무기를 수출한다면, 더 큰 문제를 불러온다는 것이다. 북핵 문제 해결에 있어서 미국이 지속적으로 완전한 핵폐기(CVID)를 내세웠지만 정책 효과를 거둘 수 없었다는 점을 지적한 셔먼 의원은 지금은 외교정책을 우선시하여 평화조약이나 평화선언을 도출할 시점이라고 보고, 한반도에서 군사적 대결과 긴장을 해소하기 위해 종전선언이 필요하다고 강조했다. 또한 비핵화 문제와 더불어 이산가족 상봉 등 인도주의적 협의를 위해서도 북미간 연락사무소 설치가 필요하다고 설명했다.

'스시맨' 셔먼 의원이
한반도평화에 팔걷고 나선 이유

포럼을 개최한 KAPAC의 최광철 대표는 '스시맨'이라는 별명이 있을 정도로 친일파 의원이었던 브래드 셔먼 의원을 그동안 타운홀 미팅을 통해 수차례 접견하고 한반도 상황을 설명해왔다고 했다. KAPAC은 문정인 전 대통령 특보와 김진향 개성공업지구지원재단 이사장, 송영길 의원, 김경협 의원, 윤건영 의원 등과의 만남을 주선하며 셔먼 의원이 한반도 상황을 구체적으로 파악할 수 있도록 지원해왔다. 4월 9일 개최된 포럼에서 확인된 바와 같이 셔먼 의원의 대 한반도 인식과 북핵 문제 해결을 위한 해법 모색에 있어서 민간차원의 노력이 중요한 계기가 되었다.

'한반도 평화 법안'이 하원과 상원을 통과하고 평양과 워싱턴DC에 북미 연락사무소가 개설된다면 북미수교의 전망은 더욱 밝아지게 된다. 2018년 6월 12일 있었던 제1차 북미정상회담에서 채택된 싱가포르 선언 1항은 북미 간 새로운 관계 수립을 약속했다. 북한은 1990년대 초부터 체제 보장 문제를 위한 평화협정 체결과 북미수교를 요구해왔다. 2000년에는 조명록 국방위 제1부위원장과 클린턴 대통령이 만나고, 올브라이트 국무장관이 평양을 방문하여 김정일 위원장과 회담했다.

당시는 북한이 핵무기를 개발하기 훨씬 전이었지만, 수교 직전 단계에 해당하는 북미코뮤니케를 발표한 바 있다. 역사는 되풀이된다. 되풀이되는 역사를 통해 교훈을 얻지 못한다면 답은 없다. 미 의회에서 한반도 평화 법안이 채택되고 평양-워싱턴DC 연락사무소가 설치된다면 남북관계 역시 훈풍을 타게 될 것이다. 북미관계와 남북관계가 교차하는 지점을 정확하게 파악하고 새로운 북미관계, 새로운 남북관계를 만들어가기 위한 노력이 정부와 민간은 물론 해외동포들까지 참여하는 광범위한 민관협력이 어느 때보다 필요해졌다.

22

정전협정 70년, 전쟁을 끝내고 평화로!
— 워싱턴DC에서 진행된 시민평화 운동

2023년 7월 27일은 한반도에서 정전협정이 체결된 지 70년 되는 날이었다. 국내에서는 물론 해외에서, 특히 미국 동포들은 각 지역으로부터 다양하게 연대하며 전쟁의 불씨가 꺼지지 않고 있는 한반도 상황을 알리고자 했다. 미주민주참여포럼(KAPAC) 한국 이사로서 필자는 7월 26일부터 28일까지 진행된 행사 참여를 위해 워싱턴DC를 방문했다. 이 글에서는 'Korea Peace Action' 일환으로 조지워싱턴대에서 열렸던 포럼과 하원 레이번 하우스에서 열렸던 '한반도 평화 브리핑 세션'을 소개하고자 한다.

한국전쟁은 남과 북만 아니라 27개 유엔국과 중국이 참전했던 국제전이었다. 휴전에 반대했던 이승만 대통령이 협상을 거부하며 테이블에 앉지 않았던 것과 평화협정 체결 불발이 어떤 관계가 있는지 모르겠으나 전쟁을 끝내는 일이 남북을 초월한다는 것은 분명하다. 남북이 수차례 상호체제 인정과 불가침을 확인했지만, 공식적인 종전선언과 평화협정, 그리고 북미수교가 이루어지지 않으면서 한반도 평화프로세스는 완결되지 못한 채로 있다. 한미합동군사훈련과 그에 대응한다는 북한의 군사행동은 한반도를 일촉즉발의 전쟁 위협 속에 몰아넣곤 했다.

여성들, 북에서 남으로 휴전선을 넘다

최근 국제사회에서 한국전쟁 종식 주장이 이슈화된 계기는 2015년으로 거슬러 올라가 찾을 수 있다. 하와이에 거주하던 재미 동포 크리스틴 안은 15개국에서 온 여성 평화운동가, 노벨평화상 수상자들과 함께 북한을 방문하고 '평화와 군축을 위한 세계 여성의 날'인 5월 24일을 기점으로 북에서 남으로 판문점을 통해 걸어서 내려오는 'Crossing' 행사를 기획했다. 여성운동가 글로리아 스타이넘, 다큐멘터리 감독이면서 월트 디즈니 상속녀인 애비가일 디즈니, 노벨평화상 수상자 메어리드 맥과이어(1976년), 리마 보위(2011년), 그리고 WILPF, Code Pink 등 국제 여성 평화단체 대표 30여 명이 주축이 됐다. 이들은 당시 박근혜 정부와 유엔사를 설득하는 과정에서 우여곡절을 겪으며 버스를 타고 판문점을 통과해 내려왔다.

남북을 가로막고 있는 보이지 않는 장벽을 뚫어보고자 했던 상징적인 이벤트였던 행사는 Women Cross DMZ(WCD) 단체의 출발점이 됐다. 이후 2018년까지 해마다 5·24가 되면 WCD와 국내 여성단체들이 연합하여 대규모 걷기 행사를 임진각 주변 민통선에서 진행했다. 2023년 정전협정 70년을 맞아 WCD는 7월 28일 조지워싱턴대 엘리어트 국제관계대학원에서 포럼을 주관했다. 종군기자로 한국전에 참전했고 후에 『두 개의 한국』을 펴낸 브루스 커밍스 박사가 기조 강연을 했다. 커밍스 박사는 한국전쟁 당시 미국이 핵무기 사용을 검토했던 배경을 설명하면서 북한에 대해 핵무기 사용을 불사하겠다는 태도가 북한의 핵무장을 자극했다고 주장했다.

오늘날까지도 한반도에 핵추진잠수함 등 전략무기들이 전개되는 상황을 지적하며 커밍스 박사는 북한 핵 문제에 있어서 '가해자'(perpatrator)는 북한이 아니고 미국이라고까지 잘라 말했다. 북한이 자신들의 핵 개발을 '미국에 대한 핵 억지력' 강화라고 하는 내세우는 것과 맞아 떨어진다. 커밍스 박사의 이러한 주장은 한국뿐만 아니라 미국 사회 내에서도 잘 알려지지 않았다. 하지만 북한의 핵 문제 해결을 위해 현실을 직시해야 할 때가 되면 그의 주장에 더 큰 관심을 기울여야 할지도 모를 일이다. 한반도 평화를 위해 남북을 오가며 WCD를 출범시킨 국제여성평화운동은 미주 10개 지역 모임과 종교인, 한국어권, MZ 모임 등 풀뿌리 운동으로 확장되고 있다.

미국 하원의원들의 한반도 평화법안 발의

한편, 7월 27일 오전 레이번 하우스에서는 3월 한반도 평화법안(HR1369)을 발의한 민주당 브래드 셔먼 의원(CA32) 주최 한반도 평화법안 브리핑 세션이 진행됐다. 셔먼 의원은 HR1369가 제시하는 종전선언과 평화협정 체결이 북한 핵문제 협상에 있어서도 신뢰를 구축하는 계기가 될 것이라고 주장했다. 셔먼 의원은 116회기 하원 외교위원장을 지낸 중진 의원으로서 117회기에서 한반도 평화법안 HR3446을 발의해 46명 의원의 사인을 받은 바 있다. 하원 소위원회를 통과하지 못하고 자동 폐기된 HR3446에 이어 118회기 초인 2023년 3월 다시 법안을 발의했다.

HR3446의 경우 미북 이산가족들의 인도적 북한 방문을 허락할 것, 전쟁을 공식 종료하기 위해 대화와 외교적인 노력을 기울일 것, 미 행정부가 이를 위한 전체적인 계획을 수립할 것, 평양과 워싱턴DC에 연락사무소를 설치할 것 등을 규정했었다. HR1369에는 특별히 주한미군 유지도 명시했는데, 한반도 평화법안이 통과되면 주한미군이 철수할 것이라는 항간의 우려를 불식하기 위함이다. 2022년 11월 한반도평화포럼이 진행되고 있는 행사장 밖에서는 HR3446에 반대하는 교민단체들이 사실을 왜곡하는 논리를 앞세워 목소리를 높이면서 행사를 방해했다. HR3446은 그에 대한 대응으로서 평화협정 체결 후에도 주한미군은 철수하지 않는다는 규정을 못 박았다.

하원에서 개최된 브리핑 세션에는 국회 평화외교포럼 대표인 김경협(더불어민주당) 의원과 이은주(정의당) 의원이 초대되어 정전협정 체결 후 70년 넘게 전쟁이 끝나지 않고 있는 한반도 상황과 이에 맞물린 북한 핵 문제에 대해서 발제하고 HR1369에 대한 지지 발언을 이어갔다. 김 의원은 종전선언, 평화협정, 북미수교 과정과 북한 비핵화를 투트랙으로 놓고 접근해야 한다고 주장했다. 11개 지역위원회 조직을 갖추고 있는 KAPAC은 셔먼 의원을 비롯 아시아·태평양 코커스(CAPAC) 회장인 주디 추 의원, 그레고리 믹스 전 외교위원장, 그리고 한국계 앤디 김 의원, 메릴린 스트릭랜드 의원 등을 위한 후원회를 개최하면서 유권자 운동을 본격화하고 있다. 동시에 한반도 평화정책을 추동하는 공공외교에도 앞장서고 있다.

정전협정 체결 70주년을 맞아 워싱턴DC의 하원과 백악관, 링컨기념관과 GWU 등지에서 있었던 다양한 행사들은 한반도 평화정책 관련 공공외교의 지평이 확장될 가능성을 제시했다. 공공외교 주체로서 동포를 바라볼 이유가 충분히 드러났기 때문이다. 특히 미주 동포가 주축인 평화운동 단체와 유권자 단체가 한국 정부의 정책 변화와 무관하게 하원의원과 함께 미 행정부를 향해 영향력을 키우는 점이 흥미롭다. 이는 정부 주도의 전통적 공공외교 공식을 초월할 뿐만 아니라, '보편적 가치 기반의 공공외교' 가능성을 타진할 수 있게 해준다. 아직도 열전의 기운이 사그라지지 않고 있는 한반도를 기억하는 미주 동포의 역할에 주목되는 이유이다. 평화를 위한 디아스포라 코리안의 노력이 아름다운 결실로 영글어가길 기대한다.

2023년 7월 정전협정 70주년을 맞아 미국 백악관 앞에서 한반도 평화 행진을 진행했다.

WCD가 미주 시민단체들과 함께 개최한 포럼에서 강연하는 브루스 커밍스 박사. 조지 워싱턴대학 엘리어트 국제관계 대학원.(2023.07)

백악관 앞에서 200여명의 참가자들이 6.25한국전쟁 종식을 요청하는 행사를 했다.(2023.07)

미 하원 레이번 하우스에서 김경협 의원과 이은주 의원이 한반도 평화와 관련해 의원과 보좌관들을 상대로 브리핑하는 모습.(2023.07)

행사를 마치고 김경협 의원, 이은주 의원, 그리고 미주 각지에서 모인 동포들이 기념촬영을 했다.(2023.07)

최광철 KAPAC대표와 함께.(2023.07)

23

민화협 프랑스협의회와 함께하는 공공외교를 기대한다

2024년 11월 9일 프랑스 파리정치대학에서는 민화협 프랑스협의회가 주관한 시민포럼이 열렸다. 이번 포럼의 주제는 '경제협력과 평화: 남북한 경제협력을 통한 평화 구축과 유럽의 중재 역할'이었다. 지난해에 이어 두 번째 열린 시민포럼은 1999년 출범한 민족화해협력범국민협의회(대표상임의장 손명원)와 2021년 창립한 민화협 프랑스협의회(대표상임의장 전훈 Hoon Moreau)의 협력으로 성사됐다. 이는 25년 넘게 쉬지 않고 달려 온 민화협이 맺은 뜻깊은 결실 중 하나이다. 현재 민화협은 프랑스를 포함해서 15개 해외협의회를 두고 있다.

민화협의 소중한 결실 프랑스협의회

1998년 집권한 김대중 정부는 이전 노태우 정부의 통일정책을 이어받아 교류·협력을 통한 민족 화합의 길을 추구했다. 1989년 12월 미국과 소련이 몰타에서 냉전 종식을 선언하고, 1990년 독일이 통일되고, 그리고 1991년 소련연방이 해체되는 과정을 지켜본 우리 정부는 자신감 넘치는 대북정책을 펼쳤다. 남북은 1991년 10월 유엔에 동시 가입했고 12월에는 남북기본합의서를 채택했다. 남과 북 사이에서 적대를 넘어선 새로운 패러다임의 등장이었다. 김대중 정부는 북한 핵 문제 해결을 위해 국제사회가 합의한 북한 원전 지원 사업이 본격화하자 민간차원의 교류를 장려하며 민화협 출범을 도왔다.

유럽연합은 세계대전 이후 폐허가 된 유럽을 재건하기 위한 노력의 산물이다. 1951년 파리조약으로 프랑스, 독일, 이탈리아 등 6개국을 회원으로 하는 유럽석탄청강공동체(ECSC)가 출범했다. 전쟁 물자 생산에 필수적인 자원 개발을 회원국이 공동으로 한다는 취지였다. 1957년 로마조약으로 유럽경제공동체(EEC)가 탄생했고, 1967년 두 기구가 통합되면서 유럽공동체(EC)로 거듭났다. 이후 관세동맹이 완성되고 1979년엔 최초의 유럽의회 선거가 실시됐다. 1992

년에는 마스트리히트 조약 체결로 단일 화폐 '유로'가 추진되는가 하면 정치적 통합을 이룬 유럽연합(EU)이 공식 출범했다. 현재 유럽연합 회원국은 영국을 제외한 27개국이다.

유럽에서 한반도 평화와 통일을 염원하다

민화협 프랑스협의회 행사에서는 청년위원회(회장 이형렬)의 활약이 두드러졌다. 파리정치대학 학생을 비롯해 30여 명의 회원이 이번 포럼 준비에 앞장섰다. 손명원 민화협 대표상임의장은 개회식에서 경제통합을 앞세운 유럽연합 모델이 남북관계에 귀감이 됨을 강조하며, 참석자 중에서 로베르 쉬망, 장 모네와 같은 한반도 평화와 통일의 지도자가 길러지길 바란다고 격려했다. 세계한인무역협회(OKTA) 회장 박종범 민화협 프랑스협의회 고문도 이웃 국가 오스트리아 빈에서 5명의 학생을 초청해 파리 학생들과의 교류를 지원했다.

포럼에 참석한 한·불의원친선협회장인 카트린 뒤마 상원의원은 축사를 통해 '평화'는 국제사회가 현재에도 당면한 과제라며 평화를 세우기는 어렵지만, 모든 인류가 함께 추구해야 할 목표이기에, 프랑스도 역할을 찾고 한반도 통일을 위해 협력할 것이라고 강조했다. 뒤마 상원의원이 소속된 파리 17구는 서울시 양천구와 자매결연을 맺고 있다. 2021년 한불의원친선협회 소속의원들과 함께 방한한 뒤마 상원의원은 공화당 소속으로, 2022년 한국전쟁종전선언결의안(No. 231 rect) 채택을 주도한 크리스티앙 캉봉 상원의원과 함께 대표적인 친한파 인사다.

기조연설에 나선 파스칼 보니파스 소장(국제전략관계연구소 IRIS)은 프랑스 고등국방연구소 소장을 역임한 국제관계 전문가이다. '국제 정세 속의 한반도와 평화'를 주제로 강연했다. 보니파스 소장은 한반도 주변의 지정학적 이해를 고려할 때 독일식 통일이 가능한가에 대한 의견을 피력했다. 먼저 북한은 소련이나 중국과 같은 개혁개방의 길로 나아갈 수 없는 체제로 보았다. 더구나 핵무기가 정권 유지의 유일한 수단처럼 된 상황에서 독일식 통일은 북한 당국이 받아들일 수 없다고 주장했다. 국제 정세 면에서는 일본이 통일코리아를 자신을 향한 '위험한 칼'로 여긴다며 이 때문에 미국, 중국과 다른 차원에서 이해관계가 통한다고 진단했다.

최장호 박사(대외경제정책연구원 KIEF)는 그동안 국제사회에서 북한 문제와 관련해서 유럽이 인권

문제를, 미국이 핵 문제를 이슈화했는데, 국제사회가 받아들일 수 없는 교류와 협력을 대한민국 정부가 추진할 수 없다며 우리 정부의 정책적 한계를 토로했다. 또한 대북정책에 있어서 현실주의와 기능주의에 따른 접근방법이 국내 정치적으로 갈등과 반목을 빚으며 남북관계는 부침을 계속했다고 전했다. 르네 슈월 교수(제네바대학교)는 유럽연합이 유럽 평화에 이바지 했는지에 관한 논쟁이 계속된다고 했다. 회원국 내에서의 평화는 유지됐지만, 과거 동유럽에 속했던 국가 안에서 극단적인 정치 그룹이 등장하고 있기 때문이라는 것이다. 남북관계에 있어서도 민주주의와 법치가 가능해야 경제적 접근을 통한 기능주의 해법이 열매 맺을 수 있기 때문에, 북한 현 체제에 대해서 다소 회의적인 시각을 드러냈다.

　민화협 프랑스협의회는 출범과 동시에 한·불 공공외교의 첨경을 달리고 있다. 전훈 상임의장은 파리에서 활약해온 작가로서 프랑스인 남편과 두 딸을 둔 가정이 있다. 최현주 부의장 역시 작가로서 한불가정을 이루고 있다. 부모 세대와 자녀 세대가 함께 세워가는 민화협은 15개 해외협의회 중 독보적인 모델이다. 그동안 전 세계 각 곳에 흩어져 살아온 코리안들은 자발적으로 한국의 다양한 문화를 소개해왔다.

이제는 어느덧 K-Boom 전성기를 맞고 있다. 전쟁 소식이 끊기지 않고 있는 오늘날, 코리안들은 한반도 평화를 완성함과 동시에 국제 평화 공공외교의 사절로서 역할을 해야 할 때이다. 민화협 프랑스협의회가 앞으로 더욱 뜻깊고 보람된 공공외교의 주역으로 발전하길 기대한다.

민화협 프랑스협의회 전모로우 회장 자택에서 열린 교포 간담회 참석자들과 함께. 필자는 민화협 국제교류위원장으로서 디아스포라 코리안의 공공외교 사례를 발표했다.

파리정치대학에서 열린 2024민화협포럼. 강의실을 가득 메운 청중들과 민화협 유럽협의회 임원단, 듀마 상원의원이 보인다.

민화협 포럼에 참석한 한국전쟁 참전용사 후손들과 함께. 왼쪽에서 두번째, 손명원 민화협 대표상임의장은 김일성 수령의 은인 손정도 목사의 손자이시다.

나가며

피스메이커를 완성하는 길

현대 한국사회 속에서의 삶. 이는 인생의 변곡점에서 끊임없이 돌아보고 점검하는 내 실존의 사회적 조건이다. 여전히 묻고 또 물으며 걷고 있는 이같은 실존에 관한 고민은 대학 진학과 함께 시작됐다. 1984년 입학한 나는 대전 호수돈여고 졸업 후 서울로 와서 세상 물정에 눈을 떴다. 당시는 학생회가 부활한 직후여서 선배들이 신입생 중 학생운동에 함께 할 후배를 물색하러 다녔다. 일단 체격이 크고 목소리도 우렁찼던 나는 이곳저곳에서 러브콜을 받았고 단대 학생회장을 배출하던 그룹에 이끌려 들어갔다.

광주민주항쟁을 담은 영상을 보고 피가 거꾸로 솟는 것 같은 충격을 받았던 나는 기성세대에 대한 불신과 원망이 머리끝까지 차올랐다. 위력에 의해 강압적으로 기획됐는지 모르겠지만, 전두환을 선택받은 지도자라고 치켜세우는 국가조찬기도회 참석 목사의 기도 음성을 듣고 5대째 내려오던 기독교 신앙에 깊은 회의를 품었다. 고등학교에서 학생회장을 거듭하며 자연스럽게 자랐던 사회적 자아가 갑자기 갈 곳을 잃어버린 느낌이었다. 불의한 구조 속에서 진실을 가린 채 살아야 한다면 껍데기와 같은 존재가 될 것 같았다. 그런 삶은 살고 싶지 않았다.

2014년 세월호와 2022년 이태원 사태를 겪으면서 "가만히 있으라고? 이게 나라인가?" "근조 리본 달지 말고, 영정사진도 위패도 없이 분향하라고? 그럴 수는 없다!"라고 각성한 사람들이 많다. 1980년대 학창 시절을 보낸 이들에게 '5월의 광주'가 딱 그랬다. 인간은 사회적 존재이다. 개별화되고 고립된 인간은 자아의 충만함을 경험하지 못한다. 어려서부터 공동체 안에서 나의 역할을 찾아 행동하는 것을 자연스럽게 여겼던 나는 어떻게 살아갈 것인지 심각한 고민에 빠졌다. 모교의 교훈은 마침 "남을 위해 살자"였다.

인권과 민주주의, 그리고 평화. 이 모두는 인간

을 인간답게 하는 숭고한 가치라고 믿었다. 예배당 안에서 말고 세상 속에서 추구하며 일궈나가고 싶은 신앙의 목표이기도 했다. 신의 형상으로 창조된 인간(Imago Dei). 인간에 대해 그보다 더 숭고한 규정이 있을까? 기독교의 겉모습에 낙심하여 하마터면 블랙홀에 빠질 뻔했지만, 인간을 향한 창조주의 구애 스토리로 성경을 읽으면서 기독교 세계관을 받아들였다. 나는 누구인가? 무엇을 위해 살 것인가? 서서히 선택할 지표가 생겼다. 현대 한국사회는 내 실존의 무대였다.

피스메이커는 현대 한국사회 속에서 내가 추구하는 역할이었다. 어린 마음에 대학 졸업 후 노동운동과 빈민운동에 소극적으로나마 동참했다. 그러나 치열한 노동 현장에서 나는 너무나 무력했다. 미련 없이 내 실력에 맞는 방식을 찾기로 했다. 이후 대학원 진학과 결혼, 유학 생활이 이어졌고 진로가 몇 번 바뀐 뒤 2003년 귀국했을 때는 미국 폴러신학교 선교대학원 석사과정을 마친 후였다. 그즈음 중국 거주 탈북 여성들의 처참한 상황을 알게 됐고, 이들을 위한 피난처 제공 활동에 참여하게 됐다.

북송을 거부했던 탈북민은 처참한 신세로 전락했다. 특히 여성들은 인신매매로 농촌에 팔리거나 무임금 노동에 혹사당하는 경우가 많았다. 이들을 도우면서 더욱 분단 문제 해결이 근본적인 해결책이라고 생각했다. 긴급구호는 임시방편일 뿐이기 때문이다. 학창 시절의 분단에 관한 문제의식이 되살아났다. 마침 모교 이화여대에 북한학 박사과정이 있어 입학했다. 북한을 대놓고 공부할 수 있다니 신기했다. 평화통일 운동 단체 실무책임자로 일하면서 '국제관계 속에서의 남북관계'와 '한반도 평화 과정에서 시민사회의 역할'을 주제로 공부했다.

남북관계는 국제관계와 맞물리고 아래로부터의 화합이 참된 평화를 완성한다. 통일은 북한을 배제하고는 가능하지 않다. 공부 끝에 내린 결론이다. 북한은 우리와 전혀 다른 경로를 걸어왔다. 해방 이후부터 사상도 다르고 역사적 경험도 달랐다. 80년간 남북은 이미 다른 살림을 차렸다. 남북의 이상적 관계는 형제국가 혹은 자매국가가 아닐까? 이념을 내세워 형제, 자매를 살인한 죄는 끔찍했다. 남북은 서로의 죄를 성찰해야 한다. 현재 남북관계의 단절이 새로운 출발을 위한 기회가 되면 좋겠다. 상대를 부정하는 통일론을 내려놓고 현실을 직시하는 기회.

1990년대 급변하는 국제 정세 속에서 북한에 수백만 기아가 발생하며 국가 존망의 위기가 닥쳤을 때

남한 기독인들은 긴급구호에 앞장섰다. 기독인뿐만 아니라 생명 존중을 최우선시하는 종교인들은 다 함께 힘을 모았다. 살리고 보자는 마음이었을 것이다. 한반도에 태어난 8천만 명의 목숨은 이념에 저당 잡힐 수 없다. 통일을 위해서 총칼을 써도 된다는 마음은 사악하다. 북한이 먼저 길을 나섰다. 선대 수령의 유훈일지라도 시대에 맞지 않는 부분은 과감하게 던져버렸다. 이제 우리가 답할 차례이다. 먼 장래를 내다보며 싸우지 않고 이기는 길을 찾아야 한다. 싸우지 않아도 되는 남북관계를 만들어야 한다.

한반도 평화 완성을 위해 무엇이든 하고 싶은 대로 할 수 있도록 물심양면 지지해주는 남편에게 감사하다. 최근 손녀딸이 태어나 딸 부부와 함께 생활하고 있다. 피스메이커로서의 삶은 근사하다. 부디 이어지는 세대에서는 한반도 평화를 완성하고 글로벌 피스 메이킹을 위한 발걸음이 더욱 풍성해지길 기원한다.

책 소개

백만인의 대변인 변호사 전수미

전수미 지음 | 260쪽 | 값 20,000원

이 땅 목소리 없는 분들을 위한 전수미 변호사의 힘센 투쟁기. 힘겹게 변호사 자격증을 따서 돈도 안되는 프로보노(무료 공익변론을 하는 변호사) 활동을 하다 보니 '바보 전수미', '0원 짜리 변호사'란 별명을 얻었다. 하지만 누군가 해야 하는 일이라면 물불을 가리지 않고 뛰어든다. 용산참사 때는 다들 쉬쉬하는 가운데 제자와 외국인 유가족들의 '도와달라'는 요청을 받고 국가손해배상소송에 나섰고, 새만금세계잼버리대회 개영식 때는 당시 윤석열 대통령 내외의 늦은 출연과 그로 인한 참가자들의 피해를 보다 못해 촛불집회에서 폭로하기도 했다.

하지만 지렁이 같은 미물에조차 관심을 갖는 소녀 감성의 연약한 여성이다. 북한인권 변호사 전수미의 거친 삶은, 평화는 공짜로 주어지는 것이 아님을, 차별 없는 세상은 누군가의 희생 없이는 오지 않는다는 평범한 사실을 일깨워준다.